/ 100 位

新中国成立以来感动中国人物/

林 巧 稚

邓加荣／著

★

吉林文史出版社

《100位新中国成立以来感动中国人物》丛书

★★★★★

编 委 会

社会主义核心价值体系建设
"双百"出版工程
项 目

前　言

　　每个人的心中都多少有一点英雄情结，都向往英雄、景仰英雄。也正因此，在中华人民共和国建国六十周年之际，由中央十一部委联合组织开展的"100位为新中国成立作出突出贡献的英雄模范人物和100位新中国成立以来感动中国人物"的评选活动中，群众参与投票总数近一亿。这其中的每一张选票，都表达了人们对英雄模范的崇敬之情，寄托着对伟大祖国的美好祝福。

　　一个民族不能没有英雄，否则这个民族就不会强大。当国家危难之时，懦弱者选择了逃避、妥协甚至投降，英雄们却挺身而出，用热血捍卫民族的尊严，人民的幸福。在创立和建设新中国的伟大历程中，涌现出无数可歌可泣的英雄模范人物。他们之中，有为了民族独立和人民解放而英勇牺牲的革命先烈，有为了党和人民的事业而不懈奋斗的优秀共产党员，有在全民族抗战中顽强奋战、为国捐躯的爱国将士，有英勇杀敌的战斗英雄和革命群众，有积极从事进步活动的著名民主爱国人士和国际友人……他们是民族的脊梁、祖国的骄傲，是激励全体人民团结奋斗的精神力量。

　　《100位新中国成立以来感动中国人物》丛书，就像一部星光璀璨的英雄谱，真实、完整地记录了英雄模范人物不平凡的一生，再现了他们非凡的人格魅力和精神世界。舍身堵枪眼的黄继光，拼命也要拿下大油田的王进喜，中国原子弹之父邓稼先，新时期领导干部的楷模孔繁森……一串串闪光的名字，一个个动人的故事，犹如群星闪烁，光耀中华。

　　当今中国正处于伟大变革的时代，迫切需要涌现出一大批勇于承担历史使命、为祖国和人民奉献一切的先进人物。在"双百"人物崇高精神的引领下，在建设社会主义现代化国家的征程中，必将英雄辈出。

生平简介

　　林巧稚 (1901–1983)，女，汉族，福建省厦门市人，无党派人士。生前系北京协和医院妇产科主任，中国医学科学院副院长，中华医学会副会长。著名临床医学家和医学教育家。

　　林巧稚是中国现代妇产科学的奠基者和开拓者。上世纪30年代初，她对胎儿宫内呼吸、女性生殖道结核进行研究；40年代末，开始对滋养细胞肿瘤和其他妇科肿瘤进行研究；50年代，她提出和组织了北京地区大规模的子宫颈癌普查普治，对新生儿溶血症诊治成功；60年代成功切除重达56斤多的巨瘤；80年代主持编纂《妇科肿瘤》。她为新中国妇产科学的创建和发展倾注了大量心血，上世纪50年代筹建了北京妇产医院，为我国妇产科学界培养了一代又一代优秀接班人。她带头主编科普读物，造福了亿万妇女儿童。她不仅医术高明，而且医德医风与奉献精神更是有口皆碑。她自走上工作岗位，一直到临终前夕，心中装着的只有妇女与儿童的安危。在半个多世纪里，她亲手接生了5万多个孩子，许多父母给孩子起名为"念林"、"怀林"、"敬林"，以表达对她的敬爱和纪念。她把毕生精力无私地奉献给人民，被誉为"卓越的人民医学家"。她是中国科学院首届学部委员（院士），是第一至五届全国人大代表，荣获"全国三八红旗手"等众多荣誉称号。

◀林巧稚

目录 MULU

她，把五万个婴儿接到人世间来（代序）

时光荏苒，她已经离去28年了，但人们没有忘记她，"林巧稚"这个名字，至今还温暖地搁在人们的心头上。因为，她给人间留下的太多太多了！

28年前，她在重病复发后的半昏迷状态中，还时不时地发出梦中呓语："快把产钳递给我，快！快！""好了，好了，又是一个胖娃娃生下来了！你们看，他长得多俊呀！"

守候在病床旁边的护士们听到这声音后，互相地对视了一下，连忙俯身凑到她的跟前，仔细地打量这位从梦中苏醒过来的慈祥老人。

她的助手邓秘书心头热乎乎的，一颗泪珠溅落下来，但却尽量克制住内心的激动，有意地做出一副同样愉快的笑脸凑过来说："林主任，您又来参加助产了？"

林巧稚高兴地点了点头，眼角的笑意更加扩展开了："今天挺顺利，一连接生了六个婴儿。六个，都是白胖胖的，白胖胖的。真招人喜爱！你们都看见了吧？"

"都看见了！"大家异口同声地说。

在林巧稚病情稳定、精神好转的时候，邓秘书曾经好奇地问："林主任，您这双手一生中接生过多少孩子？"

林巧稚望着她那每根青筋、每条皱纹都要在述说的手，凝神默想了老半天，然后深沉地说："有几万个吧！"后来有人根据病历做过详细的统计，总数在五万人以上。

一双手，把几万个小生命接到人世间来，这该是多么大的奇迹呀！难怪有人写诗专门称赞她的那双手说"孩提千万经匠手"，"为中华妙手接生五万婴"。

前一句诗，是我国著名儿科大夫、林巧稚在协和医学院读书时的同班同学诸福棠教授作的；后一句诗，是中国科学院院长、林巧稚的福建同乡卢嘉锡院士作的。

一个人，一双手，接生下来五万个婴儿，这该是多么大的奇迹呀！五万人，就是欧洲的一个中等城市，一个小的国家呀！而如今，那些被她接生下的孩子，现在自己也已经有了孩子，孩子又有了孩子！在簇簇人流中，走着多少个经她操心费力接生下来的孩子呀！他们中间，有多少个叫唤"恋林""敬林""仰林""学林""羡林"的人呀！人们都在心底里，保存着林巧稚大夫为他们开出的第一张出生证。

多少人都在思念着她。"林巧稚"这三个字，不单纯是一个人的记忆，而且已经构成了社会记忆。她那亲切的、永远为别人操心费力的清瘦精干的身影，好像仍然在我们的身边，同我们一起安排生活、思考问题、展望未来。她经常念叨着周总理对她说的一句话："我们都要像春蚕一样，为人们吐丝，吐尽最后一根丝！"她作为一个妇产科大夫、一代名医，第一、二、三、四、五届全国人大代表、全国妇联副主席、中国妇婴保健事业的开拓者、妇产科学的巨擘和权威，为我国的妇婴保健事业，吐尽了自己最后的一根丝，毫无保留地吐尽一根根亮晶晶的丝。

在她已经卧病在床的时候，还每天收阅数十封来自全国各地求医的信。她对那些来信，都是有问必答。只要她能够解决的，都要千方百计地帮助人们想出解决的办法，而后由她口述，让秘书代笔给那些迫切想要寻得医助的人们写回信。

林巧稚躺在病床上，仍然辛勤地劳作着，像春蚕一样，想把生命中有益于人类的丝都尽吐出来。她为青年与妇女报刊写文章，同青年们，特别是女青年们谈怎样地健康成长。她说："青年正处在发育成长的时候，一定要注意身体。现在社会上都很关心青年人的体质，尤其是女青年，应当考虑到她们的生理特点。我建议报纸上要多为女青年说说话，让她们注意锻炼身体，社会上也要对她们的健康和卫生多关怀些！"

她感情深厚地说："总理活着的时候，曾经多次说过，让青年懂得点生理卫生的知识很重要。他还亲自嘱咐过我，可惜我作为人大女代表、妇产科大夫，竟连总理嘱托的这样一件重要的事情都没有办到。中国这么大，妇女有一半人口，应该关心妇女的健康，我希望这个问题，今天能够尽快地解决！"

她在五届人大二次会议上，曾经提交了一份关于成立全国妇产科研究中心的提案。可是一直延宕了许久，这个研究中心也没有成立起来。林巧稚在生命的最后一刻还一直惦记着此事。一次，邓颖超同志派秘书赵炜来探望她，临走时问她还有什么事要告诉邓大姐。林巧稚拉住赵炜的手说："我从来不愿意走后门。有一件事，我想请你走走后门，能不能请邓大姐在可能的情况下，关心一下建立妇产科研究所的问题……"

赵炜听到老人用生命最后一点力气说出来的话，感动得两眼湿润起来。老人在要临离开我们的时候，心中所惦念着的，还是她一生执著追求的事业，还是她永远热爱着的人民。赵炜声音哽咽地俯在老人的耳畔对她解释说："林大夫，您放心吧，我一定向邓大姐汇报！这不是走后门，这是走正门！"

不久，在邓颖超同志的关怀下，有关部门批准了林巧稚的提议，决定在中国医学科学院里设立一个妇产科研究所。她知道了这个消息后，因久病而摧折得干枯憔悴的脸上显露出光彩奕奕的笑容，像风雪寒冬里绽开的春花一样鲜艳明丽。

林巧稚一直关心着妇女和儿童的健康事业。因此，她尽管是躺在病床上，还为《生殖与避孕》杂志写创刊贺词，审阅由她主编的《家庭育儿百科全书》和《家庭卫生顾问》等书的付印稿。她所主编的《家庭百科全书》，是1980年的我国十大畅销书中的头一本，是全国发行量最大的一本书。

她在病榻上，还专门召集妇产科专家、她往日里的一些学生，专门来讨论制定写《妇科肿瘤》这部学术性很高的著作。

癌症，是使当今世界上人们都谈虎色变的一种病。妇科肿瘤，也是对妇女健康威胁最大的一个痼疾。林巧稚的母亲就是因患子宫肿瘤而死去的，当时她才5岁，这便使她很早就立下志向要攻克这个顽固的绝症。在漫长的行医年代里，她曾经做过大量艰辛的跟踪治疗和勇敢的探索，虽然最后没有能够攻克下这个堡垒，但是，已为攻破这个顽症积累了丰富的资料，为后人总有一天要把这个魔鬼的密码破译出来，铺平了一段艰辛而又踏实的道路。为此，她在病床上还一直记挂着这件永远不会忘怀的事。

1980年秋天，林巧稚的病情已有所轻缓时，她每天躺在病床上，照样让邓秘书将书稿一段一段地念给她听。她聚精会神地听，一字一句地斟酌和过滤，有不满意的地方立即让停下来，直到她把问题彻底地梳理清楚，选定好最准确的表达字句为止。

这部凝结着她一生心血的关于妇科肿瘤的书，在1982年5月终于出版了。这是医学史上一件十分重大的事，发行后，立即受到了国内外医学界的普遍重视。中国医学科学院院长黄家驷在这部书的序言里指出，此书将成为我国医学界的一个重要文献。后来，此书被评为1982年度优秀科学图书。

从小小海岛来到了北平

→ 鼓浪屿，一个幸存下来的女婴

★★★★★

她，生于厦门外面的一个小小海岛上，与厦门只隔一道窄窄海峡的鼓浪屿，轮渡顶多只要半个多小时。父亲是岛上一位颇有点名气的英文翻译，但大多数时间是在岛上的一所中学里教书。

1901年12月23日清晨，父亲林良英吃过了早饭，像往常一样急匆匆地把一册英文课本往腋窝里一夹，迈步就要向屋外走。妻子仰起脸来轻声地唤住了他："良英，你今天还出去吗？"这句没头没脑的话，并没有在他的脑子里产生什么清晰的意识，他只是回过头来望了望妻子，不假思索地回答说："去呀，今天有我的课！"说罢，推开房门头也没回就走了。

本来三更天时，一阵阵的腹痛已把她催醒，凭着已经生过两个孩子的经验，知道那个时辰很快就要来临了。但她仔仔细细地计算了一下，感到马上还不至于，最早也要等到吃过午饭之后。因此，一向体贴丈夫的她，便没有唤醒睡在身旁的林良英，忍着疼痛静悄悄地挨到了黎明。早饭后，她本想告诉丈夫，但是刚刚到了嘴边的话又被她咽了回去。这个一生任劳任怨的女人，不愿惊动丈夫，牵连丈夫为她操心费力；况且今天他还有课，耽误一天功课，学校就要扣一天的薪水，家境就更加不宽裕了。因此，她只是万分依恋地望着亲人离去的背影，连让他给附近的接生婆打个招呼，或者叮嘱他下了课早一点回来的话都没有说。

丈夫走后，她只觉得身上一阵慵困，便倚歪在床上睡着了。朦胧中又是一阵阵腹痛。她睁开眼睛望了望屋内，屋里空荡荡的没有一人，这时她才不由自主地感到有些发慌，身上一阵阵发冷，嘴唇也微微地颤动着。

"若是有个人在身边该有多好啊！"这时，她不由得想起了已经出嫁了的大女儿。随之，一种无名的羞涩袭上了心头：已经是四十出头的人了，大儿、大女都有了，自己还好意思与女儿争着生吗! 因此，到了临产的日子自己也就没好意思认真地对女儿讲，尽管她心里头是希望在这飘摇沉浮的关口，能有个亲人守护在她的身边。

她打起精神从床上爬起来，摇晃着笨重的身子，把家中的高脚木盆洗了又洗，满满地烧了一锅开水，又从柜子里找出一把裁剪衣服的剪子，放到火苗上烧燎了一下，然后用草纸擦拭得干干净净，搁在床头上。接着，又把马桶拎到床头来，从床铺底下抽出厚厚一摞草纸放到了马桶盖上。等这一切都收拾利索之后，她已经累得气喘吁吁的了。她疲倦地坐到床沿上，又细细地打量了屋内的一切，直到觉得一切都准备停当了，这才回过身来躺下。

　　又是一阵阵有规律的坠痛，把她从沉睡的海底托了起来。她紧张地睁大了眼睛，望着惨白的屋顶，感到整个房屋都在轻轻地摇动。自己的身子便不由自主地向下沉坠着、沉坠着，就像要沉坠到深不可测的海底里去一样。她想伸手把住床头上的扶手，可是胳膊沉重得像被缚住了似的，几番努力也未能抬起来。无边的惊涛骇浪向她扑盖过来，她挣扎着、呻吟着，在生与死间抗争着。

　　一个小生命分娩出来了，母体却经过了一番撕肝裂肺的重新排列组合。她从劳累和疼痛的梦魇中苏醒过来，随后，伸手拿起剪刀，剪断了数百天来将两个生命紧紧联系在一起的脐带。母亲抱起新生的婴儿，准备为她擦洗身上的血污。可是，当她一眼看到孩子身上缺少她所希望的那件东西时，心不由得收缩了一下，有气无力地把孩子放到了身旁，眼泪扑簌簌地流了下来，沾湿了耳边散乱的头发："嘻，又是一个女孩！"

方才，自娩的那股勇气，刷地被一阵冷风给吹散了，她再也没有力量挣扎起来了。勉强地擦去了随着胎儿一起坠下的血垢，便和着一身湿冷的汗水与酸辛的眼泪，倒在枕上睡下了。不管婴儿是怎样地啼哭、挣扎，她连看一眼的耐心都没有了，更不去顾及她的饥饿、寒冷和还没有洗去的血污。婴儿，从她已经麻木了的视野中消逝了。

窗外，寒风呼啸着，一股股潮湿的冷气从门窗的缝隙里钻袭进来。屋内的气温同窗外的日光一起在黯淡中下降着。婴儿赤身裸体，没有一块襁褓的覆盖，挣扎着血红的小胳膊和小腿，在高一声低一声地啼叫着。随着寒气一阵阵地逼近，婴儿的哭声也越来越微弱了。最后，连一丝丝的哝唧声音都没有了，稚嫩的四肢也再无力搐动了，只把一只带有血腥味的小手塞进嘴里。从母体中获得的热量眼见就要耗散尽了，粉嫩的皮肤慢慢地发紫、变青。

下课的铃声响了，孩子们像一群飞散的麻雀，唧唧喳喳地走出教室，随后散向四面八方，向各自的巢窝里奔去。

往常，妻子总是准时地踏着这当啷当啷的手摇铃声，蹒跚地来到学校。她静候着丈夫把课本放到办公桌上，洗净了沾满粉笔末的手之后，打开手提竹篮，把用手巾裹着的搪瓷碗，端端正正地捧到他的面前。

今天，他放下了课本，洗净了手，又来回地走动了好长一阵子，看看同事们有的已经快把饭菜吃完了，可是他还未见自己的妻子到来。他像是被谁推搡了一下，猛然间醒悟过来，用手捶着自己的额头说："我真糊涂！我真糊涂！早晨她还问过我，一定是……"他赶紧收拾了一下桌上的东西，回头对身旁的同事说："下午我若是不来了，一定是我屋里的生了！请您向校长代我请个假！"

林良英出了校门，头也没回，一口气跑回家。快到门口时，急匆匆的脚步反而迟缓下来。他心中忐忑不安，仿佛预感到有一种什么不祥之事。急切盼着要返回来的家，现在又怯生生地让他不敢贸然走进。他在门口侧着耳朵仔细地听了一阵子，屋里没有一点声响，这反而增加了他的焦虑和不安。他迟疑不定地推开了房门，怀着十分复杂的心情走到了妻子的床前。他本想打一声招呼，可是看到她产后疲劳发出均匀的呼吸声时，将要出口的话又咽了回去。他蹑手蹑脚地走到妻子的跟前，将身子深深地探俯到她的身上。这时，他才发现在妻子的身边，还躺着一个全身精光，没有擦洗胎血污痕的婴儿。

林良英的心像是被利剑猛地捅了一下，疼得额头上刷地流下了汗水。他再也不顾及沉睡的妻子："哎呀，你这是怎么搞的？"说着，他一把就将快要冻僵了的婴儿抱起来，紧紧地贴到自己的胸前。

妻子从沉睡中醒过来，望着不知是何时走到身边的丈夫，神情凄然酸楚地说："你回来了！我对不起你，又给你生了个女孩！"说罢，把头又扭向床里。

"女孩怎么啦？你就狠心把她丢在一旁，让她冻死饿死？"林良英被激怒得如同炸开了千钧霹雳，这是他第一次对妻子发这么大的脾气。妻子酸心地说："你要她做什么？这年月，只能给你添累赘！"说着，泪水就像泉涌似的流出来，伤心的抽搐噎住了底下要说的话，"我的命怎么这么苦，生了一个女孩，又来一个女孩！"

"你净胡说什么！"林良英顾不得去安慰伤透了心的妻子，赶忙从床上掀起一条被子，紧紧地裹在婴儿的身上。激怒的火星还没有散尽："你这是作孽呀！看你把孩子冻成这个样子，再过一个时辰，孩子的小命就被你毁了！"

妻子看到丈夫这样发火，非但没有生气，心里反倒感到很大的安慰。心中那块破裂了的伤口，在丈夫颤抖的声音中又慢慢地愈合起来。她感激丈夫对自己的责备，这种责备比什么都甜，比什么都更能温暖一颗破碎的心。看着丈夫那样亲昵地抱着孩子，她苍白的面颊慢慢地红润起来。"你要个女孩能做什么？"她嘴里却仍然在执拗地念叨着。

"女孩怎么样？女的不也一样是人嘛！不也是一颗同样纯洁的灵魂嘛！上帝把她降生下来了，就应当有她生存的权利！"林良英紧紧地搂抱着自己的骨肉，像怕有人从他怀抱里夺走似的。他嘴里这样滔滔不绝地说着，但在脑海里，却有无数溺杀女婴的阴影，像鬼火似的飘飘摇摇地从眼前闪过。

一棵幼苗在林家淡雅宁静的纱窗下，一天天地长大起来了。巧稚，不久已经变成一个又机灵又活泼的小姑娘了。

她穿着一件荷叶色带菱形花格的小袄，一条淡青色的小短裙子，顶着一头毛茸茸的黑发，像个才出蛋壳的鸡雏，随着母亲在灶前灶后、屋里屋外地奔跑着。中午，母亲给她戴上一顶飘着海蓝色绸带的小草帽，领她一道去给在学校里教课的父亲送饭。一路上，她忽闪着一双好奇的眼睛，似懂非懂地望着街巷上那些推车挑担、呼喊叫卖、为生活压得喘不过气来的人群。

她5岁的时候，这个温馨的家庭却突遭狂风暴雨的摧残，母亲病倒了。她那时还正处于天真烂漫的时期，浑然不解家中所发生的巨变。但见父亲每天晚上下班回来，已不像从前那样有说有笑的，也没有心思抱起她来哄逗一番了。他的脸上充满着忧伤、阴郁和愁闷。白天的时候，巧稚常常看见母亲一个人躺在床上暗暗地流着眼泪。她捧着母亲的脸问道："阿妈，你怎么了？""怎么今天你又哭了，是我不好吗？"

听到孩子这样一问，母亲更加悲伤起来，眼泪竟然像散了串的珠子，刷刷地滴落下来。她用手摩挲着巧稚软茸茸的头发说："巧妮，都是阿妈不好！阿妈对不起你，你把阿妈忘了吧！"

巧稚看到阿妈哭，也莫名其妙地随着哭起来，而且哭得伤心极了："阿妈好，阿妈是个好阿妈！巧妮不忘阿妈，永远不忘……"

但是，泪水也好，亲昵也好，都没有能够把她留下。一生好强的母亲，还不到 50 岁的年龄，在一家人的凄恻悲痛之中匆匆地离去了。

巧稚长大了之后才知道，母亲得的是妇女病，用现代的科学术语来说就是子宫颈癌。可是母亲却永远也无法知道，她曾想要忍痛抛弃的女儿，后来竟然成为专治妇产科疾病的全国赫赫有名的专家。而且，她还与她的学生、著名的妇产科大夫宋鸿钊合作，在她的二十多年对于妇科恶性肿瘤的强力追踪与缜密考察的基础上，宋鸿钊于上世纪 60 年代末，便攻克了癌症的一个顽固堡垒——威胁妇女生命最为严重的一种肿瘤——绒毛膜上皮癌，为人类降伏最为可怕的、至今人们对它仍然束手无策的顽疾癌症，攻打下了第一块滩头阵地。

➙ 划呀，划小船

★★★★★

鼓浪屿这个东南沿海一带的小小岛屿，由于地理上的优势，接受西方文化便较其他地方要早，因之而成为国内一座少有的开化之岛、文明之岛、琴声悠扬的岛，至今，它还设有国内规模最大，同时也是国内唯一的钢琴博物馆。从这个小岛上走出的文化名人很多，像前边已经提到的中国科学院院长卢嘉锡院士、著名的营养学家白合懿，司徒雷登任校长时的燕京大学教务长林嘉通等，而著名的钢琴演奏家就更多，不能一一列举了。文学家呢，有与巧稚同年生的冰心，两个人在北平读书的时候，一直以福建同乡女友友好相处。在冰心的文章中，还时常地提到了这一切。不过，冰心不是生在岛上，而是在离鼓浪屿有六七百里的福州。

母亲死后，由于在家里无人照看，5岁的巧稚便被送进幼儿园。

幼儿园离家不远，是由教会创办的，由几位牧师娘在里边任幼教老师。父亲每天去学校上课之前，便把她领进幼儿园，交到一位名叫韦玉振牧师娘手里。晚上下班回来时，再到幼儿园将她领回家去。

巧稚在幼儿园里生活得很快活。这里的楼房和院子都比家里宽敞、干净，小朋友很多，玩具也很多，而且，还定时地发一些糖果、饼干之类的小食品，这对孩子们来说，不能不是一个很大的吸引力。教员教他们唱各种儿歌，还领他们做一些有趣的游戏。巧稚由于嗓子好，性格活泼，最得教师韦玉振牧师娘的喜爱。凡是唱歌或是跳舞，都让巧稚领头。因为她每天都是"都来咪，都来咪"地唱着，人们便唤她为"都来咪"，有时又昵称为"丽咪"，大家都把她当做幼儿园里一只快乐的小百灵鸟。

"巧稚，你把昨天教的那首儿歌唱一遍！能记得住吗？"韦牧师娘在教唱歌之前，先对巧稚提出问题。"能！"巧稚站起来回答。她看见韦牧师娘点头对她笑了笑，便用清脆悦耳的童声唱道：

要想去厦门，

或者更远些，

不能不去搭小船，

否则去不到。

划呀，划小船，

一齐来划这条金小船，

一齐来划这条金小船，

咱们要去很远很远的地方！

巧稚清脆的歌声在屋子里只回旋一下，许多的小朋友便都不由自主地跟着唱起来，渐渐地，屋里就混成了一片充满着童趣的和声。正是由于打小就被培育出来的这些艺术细胞，巧稚在协和医学院的每次文艺汇演中，都扮演主角。有一次，连前来观看的胡适博士都连声称赞她呢。

在星期天或假日里，父亲常常拉着巧稚的小手，在那金黄色的海滩上散步，看那碧蓝的海面上，渔舟飘来飘去，白帆姗姗缓移；有时，也信手地捡拾着大海丢失下来的遗物——琥珀色花纹的海螺和形状俏丽的贝壳。

"巧稚你看，海礁上飞来飞去的鸟，多好看！知道它叫什么吗？"父亲指着海鸟向巧稚提问。

"海鸥！"巧稚回答说。

"不，我问的是英文！"

"不知道！"巧稚摇摇头说。

"是 seagull。"小丽咪跟随父亲重复了两遍。

"海鸥落在上面的礁石，怎么说呢？"父亲又问道。

"不知道！"小丽咪又摇摇头说。

"好好想想，我教过你的！"

"reef。"小丽咪转动着眼睛想了一会儿，脱口而出。父亲高兴地将巧稚搂在怀里。

丽咪望着海，从眼前的浪花一直望到海的尽头，她不禁又疑惑了："阿爸，海的那边是什么？海有边吗？"

"海是没有边的，但也有边！在海的那边也有大陆，也有不少的海岛。那里有许多的国家，住着许多的人……"

"他们都跟我们一样吗？"丽咪全神贯注地听，不等父亲说完，又追问起来。

"一样，也不一样！"父亲对于这些刨根问

底的童稚问题，还真不容易一下子回答清楚，"他们有不同的肤色，说着不同的语言。比如，我教你学的英语，是住在大海那边的英国人和美国人说的话。那里工厂很多，学校也很多，是个很发达的国家。丽咪，你长大要好好念书，学好本领，将来也可以去到那些地方看一看，

△ 林巧稚（中）与女同学在鼓浪屿

将那些国家的许多好东西都学回来，建设我们的国家！"父亲用手抚摩着自己的下颌，陷入深思之中，上边的话，就是他年轻时候的理想。

1909 年的春天，野地里的小花刚刚含苞待放，父亲就把巧稚抱到大腿上，谆谆善诱地开导她说："丽咪，你都快 8 岁了，还上幼儿园吗? 你应该换个环境，到学校里去读书了！"

巧稚在幼儿园里已经待了将近 3 年。她对那里的一切都已非常熟悉了。因此，父亲劝她离开幼儿园到学校里念书，简直不亚于让一个成年人从自己的家乡走向另外一个陌生的国度里。巧稚虽然嘴里没有说"不"字，但她的小心眼儿里，还是留恋着旧的，拒绝着新的。

父亲看出了她的心思，劝慰她说："学校里好，那里也有许多小朋友，还有不少大姐姐，时间长了你们都会熟悉的，她们也会喜欢你的! 学校要发给你新的书本，里面有很多有趣的知识和故事。这些知识是非常有用的。丽咪，你现在已经不小了，快到 8 岁了！"父亲说着，风趣地伸出两个撇开的指头，在巧稚眼前晃了两晃，"有的孩子 6 岁就已经上学了，你已经比人家大两岁了! 前几年家里连遭不幸，已经使你耽误了两年，现在可不能再耽误了！"父亲说到这里，不免又伤感起来。

巧稚一向听父亲的话。父亲最喜欢她，超过对于家中其他的孩子。母亲在世时，他就是半个母亲；母亲去世后，他既是父亲又是母亲。他照顾她穿衣吃饭，又亲自做她的启蒙老师。父亲教她认字、默写，也教她 ABCD 的洋文，使她没有上学之前就已经能够看懂一些英语小画册了。既然父亲说是不能再耽误了，必有不能再耽误的道理。巧稚听从父亲的话，离开了幼儿园，走进了学校。

巧稚进的学校对她来说是陌生，实际上也并不陌生，原来这学校与幼儿园只隔着一堵墙。围墙右边是幼儿园，围墙左边靠近山坡上的就是女子小学校，那时候人们都叫它"蒙学堂"，这是清朝末年经过几次变法之后，地方上办学校的风气才刚刚兴起时，鼓浪屿就建立起这所专收女孩子读书的女子小学。校舍虽然幽静，可是学生并不多。因为那时的社会风气还不大开化，一般人家还都守着"女子无才便是德"的古训，只让她们在家里学些针线活计就是了；而且学费又高，一般的平民小户没有那么多的闲钱去供养一个女孩子上学读书。

如今，巧稚有幸进了学校，而且转眼之间就读完了6年。父亲为了使她能够学得到更多的东西，决定将她送到女子高等学校去读书。

这所高等学校设在鼓浪屿岛的最南端，紧靠大海的边上，对面就是一片滔滔的海水和在海水中间翘首耸立的两块巨大礁石，人们称它为鹿仔礁。那礁石的样子，活像两头奔跑的小鹿。学校是倚山建立的，走进一座弧形的校门，里面便是一排排清堂瓦舍的教室和宽阔平整的操场。

这个学校被当地人称之为"上女学"，它的全名是"鼓浪屿女子高等学校"，后来又改为厦门女子师范学校，是鼓浪屿甚至整个厦门地区最好的一所女子中学，里面既包括有初中部和高中部，还设有专供外地学生寄宿的宿舍，前来就读的学生有不少是远从漳州、泉州、金井、莆田等地来的。校长是个英国女人，名字叫玛利·佳林 (Mary Carling)，当地人都称她为佳林小姐，或简称为佳姑娘。

她的知识面很宽，虽然年纪轻轻，却是一位颇有一些学识的人。平日里，执教是很严格的，因此学生对她都有一种又敬又怕的感觉。听说她是受基督教伦敦女子公会聘请而来到中国的，家里还有年老的父亲和与她年龄相仿的妹妹。父亲也是一个中学教员，妹妹眼下还在大学里读书。她一个人远行万里到这里来教书，老父亲很不放心，因之，去年暑假时还专程地到鼓浪屿来看望过她。

女校长在巧稚的少女心灵中，留有很深的印象。她一到这个学校里来，就常常暗自地打量着那个具有明显独特性格的女子，感到她和巧稚所熟悉的女人不大一样，佩服她远远地离开了家，离开了亲人，一个人到他乡异地来执教，洁身自守，独立地在她的职业里生活，在她的信仰中生活，和男人们平起平坐，甚至受到了人们格外的尊敬。巧稚把这女校长神秘的形象不断理想化，心目中不由自主地树立起父亲常对她说的一个人要自立自强的女人偶像。她钦佩这个女校长，女校长的一举一动，都有意无意地映入她的眼帘，并在她喜欢独立思考的心灵中泛起波澜，产生反应。

女校长对于巧稚这个学生的印象也很好。有一次，她到低年级教室里去听课，教课的先生为了测验学生的智力，向学生们提出了这样一个问题："什么动物早晨时四条腿走路，中午时两条腿走路，晚上三条腿走路？"学生全都被问住了，一张张小脸都绷得紧紧的，一起仰着头望着老师。大约过了一刻钟，有一个学生举起手来，先生让她回答，她站起来说："是人。人在幼年用四肢爬行，所以说是四条腿，成年时用两条腿走路，老年时拄着拐杖，又变成三条腿了！"女校长抬头看了看那个学生，只见她生得椭圆形的脸，尖尖的小下颌。一双深沉明亮的大眼睛，像两个明净的小湖。嘴角老是笑盈盈的，像是有许多说不完的话。

"她叫什么名字？"下课后她问教员，教员告诉她，这个姑娘是班里成绩最好的一个学生，名叫林巧稚。

林巧稚！多么好听的名字。以后，女校长便对这个学生不由自主地产生了浓厚的兴趣，格外地留意。但是，她的这种留意，仅仅是静悄悄地在一旁冷眼地观看；她把这种兴趣，深藏在内心，外边依然笼罩着冷漠的面纱。只是在一个非常偶然的机会，她才情不自禁地说出了一句赞赏的话。这是一天下午，几个女学生坐在树荫下面编织发网。女校长从她们的背后走过来，只见手指细软灵活的林巧稚正在编织发网上的一个图案，编得那样精巧、细致，每一个络结和纹路都像一首无言的诗。女校长不由得惊赞了一声："多么灵巧的手指呀！将来可以成为一个很好的外科医生！"

时间，似水一般淙淙地流过去了。如今，这个聪颖灵巧的小姑娘已经成熟了，长成大姑娘了。

一天，巧稚收拾好书包，从楼上跑下来，准备回家去。刚刚踏上通向校门的甬路，便被女校长佳林叫住。她手里拿着一本书，悠闲地从树荫里走过来，说："回家去吗？"巧稚局促不安地停下脚步，仰起脸，沉静地望着女校长，她不知道校长还要问她什么，便忐忑不安地停立在那里。

"你今年多大了？"女校长不住地上下打量着自己的学生。

"18 岁了。"巧稚腼腆地说。

"噢，18 岁了……"女校长惊疑地打量着她的学生，在她的心目里这个已经成熟了的姑娘好像依然是在天真烂漫的少女年龄，因为巧稚入学不久便给她留下了深刻的印象。

"巧稚，你学得很不错，老师们都夸奖你！现在，学校里增加了不少新学生，教职员的数量感到不足，需要增添一些。我早就注意到你了，别的老师也向我推荐你。巧稚，你愿意留在学校里做事吗？"女校长说着，又用平日少见的温和目光打量着巧稚，见她只是低垂着头，估计她一时是很难做出答复的，于是便接着说："你先回去同你父亲商量商量，过几天我正式地找他谈一谈！"

没过几天，父亲果然被请到学校里去，回来后，便对女儿说："校长先生跟我说了，打算让你半工半读，上午照样跟班上课，下午到教员室里做些杂事，她一再说，你的学习成绩很好，这样做不会影响你的学业的。校长虽然这么说了，但我总是担心，半天工作半天学习，你能够跟得上吗？"

"能，一定能，爸爸你放心吧！"巧稚信心百倍地说。

就这样，1919 年秋季开学时，还是一个学生的林巧稚已经作为临时代课先生走到讲台上去了。

对于半工半读的生活，巧稚倒是很快就适应了，一切都很顺利。由于她的英语基础较好，听课和做习题都省力不少，从而，她可以把别人用于弄通原文和核对笔记的时间，巧妙地补上了她在下午应当听到的课程。至于下午这半天工作，也没有什么很费力的事。无非是为教员室搞个表格，算个统计数字，或者是为缺席的教员临时地代代课，等等。因此，她在半工与半读两个方面，都完成得非常好。

有一天，也是海岛上最为晴朗的一天，女校长佳林兴致勃勃地从厦门回来，一进校门就把巧稚找到她的办公室里，急不可待地问她，说："北平有个医科大学，要招收八年制的学生，你去不去！"

原来，女校长有位从伦敦来的朋友麦克斯维尔先生，是位医学博士，受聘到协和医学院里去任教，从谈话中女校长得知，这个学校很快就要招收第六届学员，定制八年，三年预科，五年本科，着重于培养医务界里的高端人才。那位喜欢卖弄才华的博士，好心地对远离家乡孤身一人来到海岛上从事教育的女友，说："你的学生中间，有没有素质好的高才生，让他们也到我们协和医学院里来，那是洛克菲勒基金会在中国办的一所最高的医学学府。"

"有，有，麦克斯维尔博士，我们学校里的林巧稚，就是一个才华出众的学生！"女校长毫无保留地向博士先生推荐了一向独在天涯海角上悄然生长的林巧稚。

博士满脸堆笑，两眼依然冷漠地瞟向斜上方说："真是这样，那倒应当叫她去应试一下。嗯，想不到小小海岛上也有人才？"

接着，女校长便把林巧稚自小读书成绩优异，半工半读之后，各门功课仍然考在众人前面的事，又仔细地对他说了一遍。麦克斯维尔博士尽管出于礼貌，装作认真听着的样子，而心中的偏见，依然不会让他相信这是一个事实。他不无嘲讽地说："噢，天才！也许就是中国的巴斯德、法拉第吧？而且，还是一个女人！哈哈哈……"博士先生底下的话没说，他好像在竭力搜索出一个著名的女医学家的名字来，可惜的是，在他那褊狭的印象底板里，没有找出这样一个女人的名字来。也许，至今为止，压根儿就没有那样一位世界闻名的女性医生。

➔ 一张只答了一半的考卷

☆☆☆☆☆

是不是要去报考这所一听见名字就叫人望而却步的医科大学呢? 巧稚一家人专门地凑到一起议论过多少次。父亲、大哥、大嫂虽然都有不同的心情和感想，但都从不同的角度得出相同的结论：全力以赴支持她跨进这个最权威的学府。

在巧稚脑子里印象最深的，还是父亲经常说的那句话："女孩子家，应当是自强自立，不依靠人！" 能到大学里去学得医术，将来自然也就能够更好地按照父亲所教诲的那样去做人。一个人有了高明的医术，便能够更有条件地施善于人，把自己的博爱，施之于普天下的父老兄弟和众家姊妹。听得父亲常说，一个人应当是"不为良相，便为良医"。良相，自然是与一个女孩子家连边也沾不上的；而今后要真能够当上个大夫，不也有了当个良医、施展抱负的机会了吗！

她又想到了母亲。"人皆有母，繁我独无！"自己还在幼年，便丧失了母爱。虽有父亲与哥嫂的照料，但是每个女孩子都知道，母亲的爱护是谁也代替不了的。"从小没娘的姑娘"，意味着生理、心理、教养、见识等诸多方面的缺欠。母亲为什么那么早就溘然长逝，使得全家人都深埋在不幸的悲痛之中？不就是因为恶疾夺去了她的生命。如果当时有个好医生，能够及时为母亲行医进药，她怕不会那样早就睁着两眼走向永恒的黑暗。如果自己今后真的学得了医术，就一定要奋力地去救人于疾苦，那会减少多少像母亲这样让人思之哀切不已的不幸啊！

同事们也都鼓励巧稚，劝她前去应试，有人打保票地说："林巧稚要是考不上，我看厦门就没有人能考上了！"

在家庭、学校以及亲戚朋友的多方鼓励下，她终于下定了决心，报名去应试。就在她临走的前几天，她又得到消息说，厦门市里还有几个学生去报考，而鼓浪屿岛上就只有她一个了。

开考的三天，正是上海热得出奇的日子。每天太阳刚一出来，地面上便好像降了火一般。又闷又热的空气里，散发着燃烧的气息。处处烫手，处处憋闷，坐在屋子里就像坐在烧透了的砖窑里面，使人喘不过气来。用手不住地摇着蒲扇，汗水还兀自地流，且不说要坐下来聚精会神地答卷子了。只一会儿工夫，身上便汗水淋淋、衣衫皆透了。不少考生一走出考场，就喊头晕，有的竟然支持不住了。

巧稚接到发下的考卷，心情很紧张，及至把整个考题一道道地看过之后，觉得并不太难，心里才平静下来。她左手握着手绢轻轻地擦着头上的汗水，右手便握起笔来刷刷不停地答下去。等她交上考卷走出去时，看看考场上还坐有一半的人，那个姓白的厦门同乡也还没有走出来。

第三天考最后一门课，也是考生们感到最担忧的一门课——外语。

从考生们这两天的议论中，巧稚知道大家对外语这门课都很担心，不知道考题会有多大的范围、多深的难度。有的人早已失掉了信心，看看前几天考得也不够理想，便干脆悄悄地离开了考场，自动弃权了。与别人的心情相反，巧稚对于别门功课还有些担心，而恰恰不怕外语这门课。她自幼还不会"人手足，马牛羊"的时候，便跟着父亲学英语，会说会写 ABCD 了。等到读书的时候，念的又是教会学校，最重视的是英语这门课。念过小学，巧稚在学校里同先生和同学，在家里同父亲和大哥，就能够用英语进行日常生活的对话了。等念到初中时，她已经能够阅读原文《雾都孤儿》、《鲁滨逊漂流记》等小说了，就像其他学生阅读《红楼梦》、《水浒传》那样。因此她对这门最紧张、最关键的一场考试，反倒觉得比较轻松了。

铃声响过，二百来名考生个个神情紧张地走进了考场。监考先生早已坐在堂上，点过名之后，他把两大张考卷发给了每一个人。那上边有填空、改错、造句、文法、回答问题和英译汉、汉译英等十多项内容。场上不约而同地发出了一声"哦"字！都在感叹考题之深，远远超过了他们预测的范围。巧稚看了一下那些题目，认为基本上可以做出答案，于是便顺着次序答起来。

正当巧稚得心应手地忙着书写答卷的时候，考场里忽然扑通一声响，接着便是一片哗然。原来是一个女同学晕倒在地。监考先生一边让大家肃静，继续答卷，一边走过去看那晕倒的学生。先生看了看她考卷上的名字，又核对了一下花名册，便对在场的考生们说："她是厦门来的，你们谁认识她？"巧稚抬起头来一看，大吃一惊，原来是同她一起乘船由厦门来的一位姑娘。

巧稚连忙跑过去扶起那个姑娘。监考先生问："你跟她熟悉吗？"

"不，过去不认识，来到这里之后才认识的。"

监考先生拿过巧稚的考卷看了一眼，并记下了当时的时间，然后对她说："那好，你把她送到医务室里去吧！"

巧稚听到先生这么一说，便不顾一切地背起那个姑娘，朝着监考先生指点的方向奔去。

巧稚就这样，最后用半张答卷结束了她的升学考试。

在返回的船上，乌云压顶。巧稚从窗口向外望去，只见细雨蒙蒙，阴霾笼罩着阴森森的海面。巧稚的心情也像那天气一样的恶劣、沉重。对于能否录取，她已经完全丧失了信心。本来外语一门是极其重要的，而她自己又觉得在这方面可以稳操胜券，多得一点分数，用以弥补其他几门的不足。想不到场上又发生了意外，把得分的优势又丢失了。而且听说招收的人数又特别的少，录取的比例在 13：1 左右。她预感到希望将要全部落空了，这让她怎么好意思回家去见为自己前后奔跑操劳的父亲、大哥和嫂子呢? 周围的人将会怎样议论这场落第的难堪遭际呢?

但是，回家后不久，父亲同她的一次亲切谈话，便把紧紧缠绕着她的困惑与烦恼，很快地解开了。

父亲爱抚地对巧稚说："丽咪，你做得对！放下了自己的题目不做，去抢救一个不相干的人，这表现了你有一颗纯洁的心和高尚的灵魂。你要知道，并不是每一个人在需要牺牲的时候，都能够做得出来的。你已经养成了这种善良的天性，那就永远珍惜它吧！"

巧稚感谢地拉住了父亲的手，把它放在自己的脸上，她的心感到轻松温暖。父亲的爱，使她得到了世界上最宝贵的一份遗产。

父亲说："丽咪，许多人的希望和理想没有实现，并不就是他们的意志不够坚定，他们的毅力不够坚强。不是的！现实为人们创造了许许多多奋斗的机会，不过，它又会像脾气暴躁的老人一样，又无缘无故地把那机会给你撕毁掉了。但这大可不必懊悔，也不必灰心，站立起来接着再奋斗下去就是了。只要有奋斗的精神，就会有人生的喜悦。这种乐趣还不仅仅是在成功的时候，更多的是在奋斗的过程之中。中国有句古话，叫做'但行好事，莫问前程'。前程，对于每个人来说，都是未卜的；你只要按照良心的指示，朝着那个善良的境界走去，你便已经预先地得到了成功的酬劳，你已经得到了你所要寻找的一切！"

然而意想不到的是，有一天女校长突然派人把巧稚找到学校去，一见面，就满脸喜悦地对她说："北平寄来通知了！"说着，将一个信封打开，从里面抽出一张通知书来。巧稚的心突突地直跳，心想一切都结束了，准是落选的通告，因为，她整个暑期都做好了这方面的准备。

"校长先生，我知道考不取，因为这次——"她声音干涩地说。

"噢，为什么呢?"巧稚的话引起了佳林小姐极大的兴趣，她惊疑地问。巧稚定了定神，方将自己没有答完最后一张考卷的原因，简单地向女校长叙述了一遍。

佳林小姐脸上堆满了人们从来没有见到过的那么开朗的微笑，整个面孔闪烁着兴奋的光彩，很激动地说："巧稚，你真了不起! 真了不起! 你没有答完考卷，还得到了足以录取的分数，若是全都答了，我猜想你定会排到所有考生的前面的! "女校长说着，就将手中拿着的那张通知书递给了巧稚，"喏，你看! 这是什么? 录取通知书! 你已经被正式地录取为北平私立协和医学院的学生了! 我真为你高兴! 我要为你庆贺，不，也为我自己庆贺，我为有你这样一个学生而骄傲! 我很高兴，很高兴! "

在北京最繁华的区域——东单牌楼往北，由东单三条直至干面胡同这个不算太小的地段里，有一片兼有我国传统造型艺术和西方色彩风格的建筑群。屋顶全是色调含蓄的暗绿色琉璃瓦，檐牙高啄，盛气凌人，屋脊上对称地排列着避鬼驱邪的兽头；抱厦的大圆柱子岿然耸立，气度不凡；用汉白玉栏杆围成的台阶上，摆放着高大的棕榈树和盛开怒放的金菊。坐北朝南的大门外，蹲踞着一对戏弄彩球的石狮子，大门上挂着"北平私立协和医学院"的醒目牌子。

这座建造得十分考究、地点又选得那么适中的医学院，它的前身就有着一番令人景慕的繁华之梦。这原是豫亲王的府邸。在北京那么多惹人注目的王府里，它虽然没有像什刹海附近恭亲王府和后海东侧醇亲王府那样威名赫赫，藏尽人间春色，可是也别有洞天，自成一派格局。在它最鼎盛的时候，内有房屋五百余间，山石林木，亭榭游廊，清泉幽池，曲桥花径，一应俱全。待到民国五年，亦即公元 1916 年时，这座王府已经更换了三代继承人了。新主人端镇是老豫亲王的孙子。清帝逊位后，这些皇亲国戚、王孙公子们已经失去了往日的权势，因为还想要过着那骄奢淫逸的贵族生活，不久就坐吃山空、债台高筑了，于是不得不于民国五年七月，忍痛地将这座王府卖给了罗氏驻华医社。一年之后，就修建起了这所在当时的历史环境中，不能不说是城里城外最为气魄森严的一座高等学府了。

巧稚是在 1921 年秋季，走进这座昔日的王府、今日的医学宫殿里来的。那时，王府的古老遗骸连同那些神秘的传说都已被时光给荡尽了，只有紧靠东边的几排阴暗凄凉的下房，还在暂且残留之中凭吊着它那阴暗凄凉的往日。而线条流畅的主体楼已经全部竣工，院里的草坪已经覆盖住裸露的空地，花圃和林木已经是明暗相映，规划得井井有条了。

这是一所奇特的学院，仅仅八年制这一条，就会把没有耐力和意志不坚定的人给吓跑。它是三年预科，五年本科，其中最后的一年是住院实习阶段。在翻开课本之前，负责教务的先生就对学生做了警告，要从这个大学里领得一张文凭，需要经过三关，三个丝毫不比博斯普鲁斯海峡更容易通过的关口：一是预科转本科关，二是实习关，三是论文答辩关。没有通过海峡能力的水手，在历届学生中都占有相当高的比例。巧稚，这个从僻远海岛上来的姑娘，能够赶得上那些有丰富经验的水手吗？

她毕业在一个教会的女子学校里，重在英语和文学，对于应用性很强的化学，根本没有怎么认真地学过，而这一门学问，又是医学上极为重要的基础知识，因此一起跑，在她的跑道上，就比别人多设下了几道高栏，逼得她必须比别人加倍地努力，才能追赶上人家。所幸的是，父亲为她打下了良好的英文底子，为她在竞争中增添了难得的脚力。别人都是在一天最好的时间里温习外语，唯她把课程表颠倒过来，把别人用来学习外语的时间用来补习物理、化学。

协和医学院的校规是十分严格的，如果我们不用"严厉"二字来形容它的话。每天从早晨起床一直到晚上熄灯，都有一套规定的作息制度，学生们都被套在这个模子里，在一根发条的推动下机械地活动着。巧稚虽有倔强的性格，但在这个规范里她是不肯多迈出一步，做出可能受到校方谴责的事情来的。使她感到需要突破这个规范的唯一要求，就是能否把别人用作休息和娱乐的时间挪过来学习。天下无难事，只怕有心人。慢慢地，这个缺口还真的叫她找到了，那就是午睡的时间。每天，她总是尽快地吃完午饭，随后就早早地躺在床上闭眼假睡起来。等到屋里的同学都睡下之后，她又悄悄地爬起来，夹着书本溜到门外。夏天时候躲到二号楼的北边，冬天就躲到四号楼的南边，总之，就是选择环境最僻静、温度最适宜的地方，来追补她与别人同步走之前所落下的进度。

为了争得更多的时间来弥补自己知识上的不足，她寒假与暑假都没有回家。虽然她对家乡的思恋，对于爱她胜过一切的父亲和哥哥、嫂子的思念日益强烈，可她自己知道，无论是在经济上还是知识上，她都是负债大于资产，在两张平衡表上都不能像别人那样充裕地进行平衡。她必须做出很大的牺牲，才能摆脱困境，在极不平衡的条件下争取平衡。

经过这样的穷追苦赶，巧稚的学习成绩才有了显著的进步。在第二年开学之后，不论是任课的教师还是班上的同学，都向她投来惊奇的目光。他们几乎都不敢相信，她就是原来的那个林巧稚，现在已经爬到了那样一个高度，以至使班上的同学，都要仰起脸来看她。

到第三年开始学习《生理解剖学》这门课时，巧稚已经是 23 岁了。可是这个 23 岁的姑娘，从生下来就很少接触到那种阴森可怖的场面，自己连杀个鸡、杀个鸭都未曾下过手，今天要她面对着那么多具死尸，并且要她亲手一刀一刀地将那尸体解剖开。开始时，她的头脑、她的神经简直是承受不了。那些骨骼、那些血管、那些脏腑、那些器官，不仅要她在概念上去理解，而且要她在活生生的形体上去感受。为此，她饭也吃不香，觉也睡不稳，一闭上眼睛，便出现了她平日里躲之唯恐不及的场面。后来她渐渐地习惯了，理智战胜了感情，科学战胜了幻觉，追求知识和学问之心远远压倒了生理上那种莫名其妙的恐惧感。这时，她见到那些解剖的尸体不仅没有什么特殊的反应，而且为了熟练地掌握解剖的技巧，有时晚自习后她还跑到解剖室里，独自地对着那些尸体重温日间所学过的血管的分布和神经的走向等问题。准备考试的时候，为了记住由几十个部位所组成的手臂骨骼的名称，她居然把骨骼的模型搬到宿舍里默默地背诵着。由于经历了这样不寻常的思考过程，在她的脑子里便产生了明确的概念，对于各种器官和骨骼的方位和性能的理解，也就清晰如画了。后来，当时间的微光使一切原来熟悉的东西逐渐从她记忆的底板上消失和隐退的时候，解剖学的知识却一点也没有忘掉。

在这一学年里，另一桩事情也饶有兴味地留在她的记忆里。这时有个教生理学的美国教师，平日里总喜欢炫耀自己，自诩有学识、有才气，每讲完一节课后，总是洋洋自得地将两手插到西服背心里，扬着脸，神气傲然地瞟着学生们问："你们听得懂吗？谁有什么疑难的问题提出来！"特别是对着那些女学生，他更是不断地重复着这个腔调。因为在他那充满着偏见的意识里，中国学生的素质差，缺乏做学问的思辨能力，而女子尤其为甚。

有一次他讲完了课，又摆出了那副盛气凌人的架势，尖着嗓子问道："怎么样，你们这几位有学问的女士们！我相信你们已经把我所讲的问题全都理解了，该不会再提出什么问题了吧？"

完全出乎他的意料，还未等他把话重复完，坐在前排的林巧稚便把手举起来了。她一连串地提出了三个问题，就像三颗重型的迫击炮弹，一下子把他那股傲气给打回去了。"这个问题么，这个问题，我、我还得翻翻资料，等我回去思考一下再来回答你……"在同学们哧哧地掩口偷笑中，他灰溜溜地走了。后来，他自觉这件事情使他那高傲的心灵受到了损伤（实际上这算得什么损伤），未等学期结束就回国了。

三年的大学预科生活，就这样匆匆地过去了。经过了多少个烦恼与快乐、阴晦与晴朗的昼夜更迭，学子们战战兢兢地走近毕业的门槛。这时，开学时教务处先生的预言得到证实了。掌管淘汰之神的阿坡罗，早已将他的神手伸到这些要向生活奋进的青年人中间。林巧稚他们这一届，是协和医院的第六届学生，参加入学考试的有 400 多人，而有幸被录取的只有 25 人，其中女生 5 人。到预科结束时，班里只剩下 19 个人了，有 6 个人被淘汰下去，其中女生有 2 人。

协和医学院，那是谁都发憷的学坛；没有敢闯地狱勇气的人，就休想走进它的大门。

➡ 在绿色屋檐下

★★★★★

在整个协和医学院的建筑群里，小礼堂要算得上最为出类拔萃的了。它庄重典雅，气势不凡，那是谁见了谁都要竖起拇指的。

如果说，协和医学院是一座一般人难以闯进的医学宫殿的话，那么，这座小礼堂便是这座宫殿中的圣坛了。它的庄严肃穆，等级森严，是一般人所难以想象的。

1925 年，孙中山先生病逝在协和医院里时，就停灵在这座小礼堂里。这年，巧稚是协和医学院的四年级学生，她自然没有资格走进小礼堂里去瞻仰中山先生的遗容，但她有幸站在小礼堂对面的高台阶上，与同学们一起自始至终参加了那个庄严隆重的追悼会，默然肃立在教室门前，一直望到李大钊等人将中山先生的灵柩移走为止。

巧稚在协和读书的八年期间，能够进入这个小礼堂的机会虽然也不算少，但每次都是排着队鱼贯而入。他们在这里举行开学典礼、参加学校的一些集会、看文艺演出和听学术报告，也在这里面做礼拜。但只有在七年级的时候，她才享受到了一次特殊的待遇，被允许自由出入。那是一次为纪念法国著名医学家、微生物学家巴斯德所举行的演讲会。巧稚这时已是校内颇为受人瞩目的优等生了，因此，被列进长长的演讲者名单里。

那天，不仅是校内的专家教授都衣冠楚楚地聚到小礼堂里来，而且，社会名流也被特邀来听讲指导。校长顾临博士首先上台，致简短的开幕词。这个曾在日本长崎、俄国海参崴和中国大连、哈尔滨、汉口等地做过美国领事馆领事的人，是洛克菲勒公司的智囊团人物之一。他接办协和已有多年，与中国当政的许多要人都有着极为密切的往来。在顾临的开幕词结束后，演讲者便依照事先排列好的顺序上台演讲，其中有教授、医生，也有几名高年级的学生。林巧稚是排在最后第三名的。当她走上讲坛时，人们都对这个皮肤微黑、个子矮小的中国姑娘投以惊奇的目光。依照传统习惯所构成的思维逻辑，登上这样讲坛的，好像不应当是这种类型的人。一个姑娘，一个年轻轻的中国姑娘，竟然在这样的场面上崭露头角？

巧稚那天穿着淡青色短衫，下面是一条黑色的湖绉裙子。整齐的短发垂在耳边，把鹅蛋形的脸庞衬托得端庄文静，一双乌黑的大眼睛特别有神，在浓密的睫毛后边闪动着聪颖睿智的亮光。她的神态出人意料地镇静，几个简洁的手势也恰到好处。她是那样真挚自然地讲述着她平日里感触最深的问题。特别是那一口流畅的英语，在她那样年龄和地位的人中间，实在是少见的。台下的人都为她的演说所折服，投去赞赏的目光。

坐在最前排的胡适博士侧过头来，对学院里的一位教授说："这个姑娘的口才真好，最难得的是那一口英语，说得相当地出色！"这位教授正巧是巧稚的任课教员，平日里对巧稚就有一定的了解，便简略地向胡适博士介绍了巧稚的情况。胡适听了连连点头称赞说："有为，有为，是个有为的人才！希望学院里一定要精心地培养！"

八年的大学生生活是漫长的，同时又是短暂的，春来夏去，叶落风寒，人们还来不及细心地计算有过多少伤脑筋的夜晚和苦思不解的黄昏，而那曾让他们寻寻觅觅的日子竟流水似的逝去了。

自从那次巧稚登上小礼堂演讲之后，又过了一年，她又站到这个讲坛上。这次，她头戴长方形平顶黑色学士帽，身穿长

襟大袖的黑色学士服，长长的衣襟一直拖到脚踝下面，就跟神父穿的那种黑色法衣一样，因此，同学们都取笑地管这种衣服叫做"大袖筒袈裟"。全套服装都是学校里统一发下来的。自从协和医学院创立以来，已经有五届毕业生穿着这套怪里怪气的服装走上讲坛接受学衔了。可惜的是，每届的毕业生人数都少得可怜：1924年第一届毕业生只有3人，以后，二、三、四、五届毕业生加在一起，也只有33人。不用再细打听，更多的人都被阿坡罗的神手给淘汰下去了。巧稚他们这一届还算是最好的，入学时25人，今天能够像巧稚这样走上讲坛领取毕业文凭的还有16人。

对此，学院还曾得意地说："淘汰制是协和坚定不移的方针！"

那天，校长顾临博士和教务长邓乐普先生等人，都坐在讲坛中央的一排长条桌子后面。校长顾临把一张印有孙中山头像和中华民国国旗的毕业证书拿在手里，然后大声地念道：

学生林巧稚系福建思明县人，现年二十六岁（林巧稚毕业那年实足年龄是二十八岁，在报考协和时女校长佳林担心她年岁过大，因而给她瞒了两岁），在校修满医学本科规定的各门课程，考试成绩及格，合当给予医科学士学位，此证。

中华民国十八年六月十二日

读过毕业证书之后，校长顾临博士站立起来，把巧稚头上戴的学士帽后檐上垂下来的三根飘带，用双手十分认真地从其左肩给捧移到右肩上，就算完成了授予学士学位的全部仪式。当然，除了巧稚之外站到讲坛上的其他15位同学，也都受到了这份难得的荣誉。

毕业生领到文凭后，全部走下台去，各自回到自己的座位上坐好，这时教务长邓乐普先生又大声地宣布说："学生林巧稚，学习成绩优异，获得本届的'文海'奖学金。请上台领奖！"这时，礼堂里爆发出热烈的掌声，先如狂潮暴雨，后来竟变成了有节奏的拍击，恰好给缓步走上台去的林巧稚做了和谐的伴奏。

毕业典礼过后不到两天，校长的秘书福开森小姐就找到了巧稚，通知她马上到校长办公室去，顾临博士要找她单独谈话。这是同学们早已料到了的事，每年协和都要从应届毕业生中留下几个人充任本院的医生。巧稚是本届的头名状元，不从她这里开篇还能从哪开始呢？

校长办公室里窗明几净，他让巧稚坐到对面的沙发上，然后从一大堆文件中找出来一张纸，递给林巧稚说："这是妇产科主任向我提出的推荐书。他要求我把你留在他们科里。当然，别的科也提出过这类的推荐书。但是，我认为你最好还是到妇产科去！校董事会已经通过了妇产科主任的这份申请。"

巧稚听了大吃一惊，她已料定校长找她会宣布一项决定，但她没有料到却是这样一项决定。她希望毕业之后留在协和，这是从事医学事业的人都很热衷的地方；但她却从来也没有想到要留到妇产科里，虽然她在妇产科实习时，也表现出自己的才干来。在那个时候，协和医院里是有大小科之分的，像内科和外科，都被看做是最有作为的大科，不论是从人员配备上还是从仪器设备上都被列入优先的地位，而且历届留校的优等

△ 林巧稚获学士学位的毕业照

生，都是放到这两个科里来的。至于儿科和妇产
科，在通常的概念中都是属于不大受人重视的小
科。同那些妇女孩子打交道，会有什么出息，能
产生多大的社会影响？它的发展前途与内外科相

比，一眼就可以看出其差别来的。

学校为什么偏偏要把她分到这样一个不为人所重视的小科里来呢？一般的优等生都不会落到这种地步，她这个"文海"奖学金获得者为何偏受此不公平的待遇呢？她想象不出，校长顾临究竟是出于何种意图。巧稚能够猜想得到的唯一原因，就因为她是一个女的。在校长的眼里，女人的智慧和能力，就是要比男人低一等的。前两天她还听说，教务长邓乐普先生把这次"文海"奖学金获得者的名单提交给他的时候，他还深为疑惑，不相信那是真的，非逼着他的秘书福开森小姐去教务处查阅全部考卷，详细查证核实了林巧稚的分数确实比第二名学生高出1.5分后，他才无话可说。至于留到哪个科里，恐怕早在考试成绩公布之前就已做出了决定。在校长先生固执的成见中，人才还有用分数所无法衡量的标准，女人，天生有她软弱的一面。

同学们听到了这个消息，都为巧稚鸣不平。大家议论纷纷，为什么要把全班最优秀的学生分配到小科去？第一名的林巧稚只能分配到妇产科，我们其余的人恐怕在协和医院里就留不住了！

这件事情，也传到各科主任那里去了。他们也都议论纷纷，各有各的想法。内、外科主任早在巧稚实习的时候，就都想留她了，而且从一般的心理状况来分析，他们也都希望在自己的科里配有一个"文海"奖学金获得者，以增强他们的实力，给自己的门面增添几分光彩。然而，妇产科主任麦克斯维尔先生却另有一番苦衷，他急切地要求把林巧稚留到他们的科里，虽然出发点与校长顾临博士都是同样一个理由——林巧稚是个女人！不过，他对于女人的理解却另有含义。从他的职业角度来理解，女人非但不是一个弱者，而是一个强者，是更为适合的人选。为了此事他很着急，亲自跑到内、外各科主任那里，将他的想法一一地说给他们，求得他们的支持，希望他们主动地撤回其推荐书。外科主任被感动了，同意了麦克斯维尔主任的要求；可是，内科主任却是一个顽固不化的家伙，别人的话不管怎样地合情合理，也不会轻易地改变他原来的主张，他甚至还微笑地拉住麦克斯维尔的手说："老弟，不行！我们私下里是达不成任何协议的！让我们都把自己的意见提到校董事会上去吧，请更有权威的人帮助我们来裁决！"

校董事会批准了麦克斯维尔的请示报告。

浊世里，她一心想着的只是为同胞姐妹们看病

⊙→ 妇产科里第一位中国女医生

☆☆☆☆☆

1929 年 7 月 1 日，巧稚穿着一件簇新的衣服，还平生第一次在自己的领口上佩戴上了一枚样式新颖的别针，怀着一种她自己也说不清是兴奋还是不满意的心情，到妇产科主任的办公室里去报到。

"哎呀，密斯林，你好! 你好! 你终于向我走来了，除了上帝的旨意，谁还会帮助你做出这个合乎理性的抉择呢? 你知道，我是多么的欢迎你到我们妇产科里来呀! 你将会给我们妇产科增添一股神奇的力量，对于这一点，我是深信不疑的!"麦克斯维尔先生表现出异乎寻常的热情，他站起身来，很有礼貌地请巧稚坐到他对面的椅子上。

八年的时光，已经使得他显得有些苍老

了。在刚考进协和医学院时，巧稚曾经带着女校长佳林的信来看望过他。谈过一段话后，他便发现巧稚的英语说得非常好，准确流畅，着实地夸奖了几句。

"密斯林，在你到妇产科来实习时，我就对你有个良好的印象。因此，在你们临近毕业时我就向校长先生提出申请，希望他能把你分配到我们科里来工作。这里的情况你是知道的，我们是非常需要有一个女医生，特别是中国的女医生……"

巧稚对于这一点，也是深有感受的。她在妇产科实习的时候，亲眼看到有些妇女，坐在门口外面等着候诊的时候，心里焦急万分，恨不得马上就能见到大夫，可是当把她们叫进屋内，坐到男大夫面前，特别是外国男大夫面前时，由于当时封建意识还很浓厚，她们的脸色便会兀自地红了半截，大夫问过几句话之后她们便慌了，等到让她们脱下衣服到床上去检查时，有些人竟是比杀头还难，死也不肯。每逢这个时候，这位妇产科主任竟然毫无办法，只是搓着两只宽大的手，摇着头在屋子里来回地踱步。

可是当那些病人看到穿白大褂的人中，竟然坐着一位中国姑娘时，她们的脸上立时充满了希望与喜悦。在一般的科室里，病人总是喜欢把病历送到年纪大一些的医生面前，虽然年纪大的医生未必都比年轻的医生医术高明，但是人们相信，经验在他们这个行业里是具有珍贵价值的。然而在妇产科里，情形恰恰相反，那些病人总是愿意将自己的病历送到一眼就看出年纪还很稚嫩的巧稚面前。什么原因呢？无非因为她是个女人。特别值得珍重的是，她是和病人说着同样语言的中国女人。每当看到这种情景，巧稚的心里便热乎乎的，有一种说不出来的感觉。她对于那些病人也就感到格外亲切，对于她们身上的病，检查得格外细心，真好像是对待自己身上的疾病一样。那些似曾相识的面孔，不都是自己的姊妹吗？有的时候，同室里的男医生看到巧稚的案头上病历太多，压得她连气都喘不过来时，便好心地把病历拿过几份来，可是他们一连叫了几个名字，却无一人答应，等过了一会儿，那些病历又被病人偷偷地移到巧稚的案头上。巧稚自然是不会拒绝的，那些男医生无可奈何地相视笑笑，以后就不再干这类傻事了。

这些情况，作为科主任的麦克斯维尔看得比谁都清楚，他的决心也就是从那个时候起便产生出来的。因此还没有等到巧稚毕业，他就将一份推荐书提交到校董事委员会那里去，还一再地找到校长顾临博士，详细地申诉了自己的理由。

产妇临产前，子宫在激烈地收缩着，引起产妇一阵阵有规律的痛、酸、坠感觉。她恐惧了，心也紧紧地收缩着，如临深渊，如履薄冰，自觉着生命在狂风暴雨的大海里飘摇着，翻滚的惊涛骇浪都向她身上扑来，只隔着一层薄薄的船板，外面就是死神统治的无底深渊。她呻吟着，挣扎着，凄惨地叫着。

这时，有一只手从床边轻轻地伸了过来，紧紧地拉住了产妇的手，同时又用另一只拿着毛巾的手，帮她擦去头上的汗水和腮边的泪珠。产妇有气无力地睁开眼睛，见到一位身穿白大褂的中国女大夫站在自己床前。她的脸上是那样的安详，眼神是那样的镇静，嘴角上甚至还挂着一丝甜蜜的微笑，仿佛她所面临的人不是正处在生死搏斗之中，而是处在一种最美好的时刻里。产妇受感动了，心情平静了许多，内心的惊慌和恐惧也慢慢地消散着，于是，她们便用力地拉住了女大夫向她们伸过来的那只温柔的、可以信赖的、能够把她引渡过去的手。

巧稚微笑着说："不要紧张！不要怕！你的胎位很好，不会难产的！这一切都是正常的反应，很快都会过去的！现在你吸进一口长气，向下用力，对,对,就这样做！你的小宝宝很快就会生下来的！"

婴儿呱呱坠地了，小生命见到了明亮的阳光。风平浪静，宇宙又平展展地仰卧在宁静、安详、和谐的金光里。

巧稚就这样一天天地出入在产房，像一位值得信赖的守护女神似的，朝朝夕夕俯视在产妇的床前。

就这样又过了无数个匆忙的日子，有一天日历牌忽然被掀到了圣诞节的那一页。这天，漫天的风雪从早到晚一刻不停地飞舞着，傍晚之后，那风雪更是一阵紧似一阵，天和地都淹没在一片呼啸的风雪里。平日里显露着绚丽色彩和流畅线条的景物，都模糊不见了，上帝好像已经把大地蒙上了一块裹尸布，准备将它送回到那个天外的世界里。

深夜，产房里静悄悄的，只有巧稚一人在值班。在狂搅的风雪声中，传来了电话铃声，巧稚急忙接过话筒，电话中告诉她急诊室里来了个年轻的妇女，子宫破裂，流血不止，让她赶快下去抢救。巧稚赶快跑下去看时，只见那个女人脸色已经像纸一样的苍白，呼吸微弱，脉搏轻得像雪花落地，没有一点声息。看来，她离开死神已经没有多远了。巧稚连忙给她输液并采取了紧急的止血措施。病人得到了一丝生气，眼前燃起了一线亮光，她慢慢地睁开了眼睛。

但是，雪崩已从陡峭的山崖上滚落下来了，几块挡风板如何能够抵挡得住呢？血仍然止不住地流出来，生命在垂危之中。

天啊，为什么这一切要发生在这风雪呼啸的圣诞节之夜呢？主任不在这里，连一个有经验的老大夫也没有。她，林巧稚，还是来到科里不到一年的住院助理医生，还未曾单独地动过手术。而且这样的大事，没有主任的许诺，是不能随意采取任何擅越行动的。真是叫怜，为什么病人的生死关头偏偏要赶上这样一个时刻呢？

巧稚赶忙打电话给麦克斯维尔主任。好半天，对方才接电话，听得出来他是刚从床上爬起来，拖着无精打采的腔调："密斯林，有什么急事使你不能等到天明之后再来电话？"

"麦克斯维尔主任，实在对不起，我不该这样晚来打扰您，可是急诊室里来了个子宫破裂的病人，流血不止——"

巧稚的话还没说完，就被对方打断了："等明天再说吧！"停了一会儿，他好像犹豫了一下，接着又说，"你先给她止止血，做些紧急处理！"

巧稚焦急地说："主任，流血过多，病情严重，恐怕是等不到天亮了！"

对方沉默，好半天没有说话，后来还是说了："如果已经来不及，我去了也没有用，那只能怨他们送来得太晚了。如果——"对方又在考虑，沉默了许久，忽然做出这样的决定，"如果还来得及，你就给做手术吧！让住院总值班室给你找个助手！"

"主任！主任！"巧稚紧紧地握着电话，可

是对方已经把话筒挂上了，急得她眼泪都快出来了。

救危济难是医生的天职，怎能见死不救呢? 只要病人还有百分之一的希望，就要想法子夺回百分之九十九的失望。她没有工夫去埋怨从睡梦中被唤醒的麦克斯维尔，也没有时间去细想自己的后果与责任。眼前只有那个可怜的女人和与这条可怜生命休戚相关的亲属。她这个中国大夫，被人们亲切呼唤的"中国大夫"，可不能眼看着自己的同胞姐妹在她的眼前咽下人生最后一口气，不能眼看着他们在自己的身边做那撕裂人心的生离死别。

她马上拿起话筒，重新拨了电话号码 :"喂，手术室吗? 有个急诊病人马上要做子宫全切手术，请你们做好准备!"

无影灯下，巧稚紧张地动着刀剪。她那一双灵巧的手帮了她很大的忙，那些复杂的器械在她的手里好似件件都长了眼睛，不论是剥离、切除还是缝合，做得都那样细致、利索，护士们简直不敢想象站在手术台上的是一个新手，是第一次单独做这样大手术的新手。她们不断地为她揩去额头上渗出来的汗珠。巧稚全神贯注，两手不停地忙碌着，终于在这个风雪之夜完成了她的第一例手术。伴随手术的成功，她临阵不慌、冷静、果敢的性格得以充分展示，给在场的人留下了深刻的印象。

第二天，麦克斯维尔主任急匆匆地走进了病房，巧稚连忙向他报告了子宫全切手术情况。他神情紧张地听着，眉间皱起一道刀砍似的深沟，嗓子里吐出一些不连贯的、浑浊不清的字眼。他把桌上的手术志拿过来急匆匆地看了一遍，接着又细细地看了第二遍、第三遍。室内的空气紧张得使人感到窒息，巧稚和在场的医护人员都担心地瞪大了两眼望着他。

看着看着，他眉间的那道深沟慢慢地舒展了，脸上紧张的肌肉也松弛了，眼睛里流露出喜悦的光彩。他高兴地站起来，把一只宽大的手重重地拍到巧稚的肩上："嗨，林大夫，你真了不起! 了不起! 我早就看出来了，你是一个聪明果敢的女人! 手术做得干净利索，太好了! 太好了! 让我们到病房里去看看病人吧! "

麦克斯维尔主任从病房里走出来后，更是高兴万分。他甚至情不自禁地跑到了别的科室里，把这件事情详详细细地说给他的朋友和同事们听。他把这件事当成了自己的光彩和荣耀，以此来证明自己有识人的眼力："我早就看出来了，那是一个了不起的女性! 是我坚决申请，才把她分到妇产科里来的! "

这次手术的成功，不仅坚定了巧稚要当好一个妇产科大夫的信心，同时，也坚定了她自强自

浊世里，她一心想着的只是为同胞姐妹们看病

立的信念。父亲的话又回响在她的耳边：一个人应当有自强自立的信念，不论在什么时候都不能放弃它。巧稚一心要做一个自强自立的人，要把自己的姊妹一个个地从死神的门槛里拉出来。这次手术成功受到震动最大的，还是她自己的一颗心。

这次手术的成功，也使巧稚在院里、科里受到了更多人的关注。麦克斯维尔在1930年3月4日的院务会议上就向院方提出了推荐书,他建议提前三个月晋升林巧稚为住院医生。

➔ 无影灯下，一双奇妙的手

★★★★★

"林大夫，这是我明天要做的一个剖腹产的手术方案。你拿下去看看，熟悉熟悉，还是由你来当我的助手!"麦克斯维尔主任说。

巧稚接过手术方案，很快，全部思绪就沉浸在方案里边了。她回到自己的办公室，一面做摘记，一面翻阅案头上摆着的那一大摞国内外文献资料。这个要做剖腹产的张太太，她的丈夫是个社会地位很高的人。她住院已经一个多星期了，经过几次检查，发现她的体质很弱，又加上生理性盆腔狭窄，难产是毫无疑义的了。麦克斯维尔主任就是在这个基础上，提出这个手术方案的。

　　第二天，他们已经按照拟定好了的手术方案进入了手术室。可是，根据产妇临产前的种种生理现象，麦克斯维尔又临时地改变了主意：不做手术了，让产妇自娩。这是他的一贯主张，孕妇能够不剖腹的，尽量不剖腹，要想办法帮助她们自娩。因为，在一般情况下，产妇完全有自娩的能力，这是女人天生的一种生理机能。

　　经过阵阵的宫缩之后，张太太到底是把婴儿生出来了，但是随着婴儿喜人的哭声，一个新的紧急情况又出现了：产妇的胎盘没有随着胎儿坠落下来，仍然滞留在子宫内不能娩出。这是一个非常可怕的信号！胎盘如果不能及时取出，产妇就有生命危险。麦克斯维尔主任有些为难了，用他那只大手伸到子宫里去，可真是一件不容易的事。

　　巧稚站在一旁，看到麦克斯维尔忧虑焦急的样子，看到产妇阵阵发灰的面庞，心里十分难过。难道能够让这样一个有性格的女人遭到如此的不幸吗? 能够叫一个刚刚听到自己孩子哭声的母亲就这样地抛下自己的孩子离去吗? 巧稚虽然也是头一次遇到胎盘滞留的产妇, 但她还是果敢地说 : "麦克斯维尔主任,让我来试试行吗? " 说完, 她仰起头来担心地望着主任的脸, 不知道主任在这紧急关头, 会怎样地回答她。

"你来? " 他惊疑地睁大了一双蒙着傲慢网膜的眼睛, 仔细地打量着巧稚那张镇定的脸。没有回答, 也没有指责, 只是两眼不停地在巧稚和病人的身上转动着, 显然, 他是在紧张地思考着和度量着。最后终于说话了 : "好吧, 你来吧! " 接着, 他又指出了摘取胎盘应当注意的几点事项。

巧稚把一只纤细稚嫩的手伸到子宫里去, 简直连她自己都出乎意外, 事情竟是那样地顺利。她灵巧地从子宫里取出了胎盘, 就像人们在小说里经常看到的那句话一样 : "如同探囊取物一般"。

麦克斯维尔主任见到巧稚竟能这样娴熟轻巧地把子宫内的胎盘取出, 喜得嘴都合不拢了, 当场就连声地赞扬说 : "好, 好, 太好了! 干得真利索! " 事后, 他又逢人便讲述这件事情, 夸奖灵敏果断的林巧稚大夫。他沾沾自喜, 十分得意, 因为这个助手是他自己挑选出来的。是他, 麦克斯维尔先生有眼力发现了一位中国的天才!

不久, 巧稚又碰到了一个更为棘手的难题。

已经经过院里几位资深大夫几次的会诊、讨论, 治疗方案还是迟迟地定不下来。因为，病人是中央性前置胎盘的孕妇，又有严重的心脏病。从局部来看，应当做剖腹产；但从整体来看，有严重心脏病的人能否接受这样大手术的深度麻醉呢？麦克斯维尔主任对于这样一个棘手的问题好像已经有些不耐烦了，在讨论治疗方案时，他不断用浑浊不清的声音埋怨说："你们中国的难产妇真多！妇女病真多！我们每人再长出两双手来，也没有办法应付！"

产期，一天天地逼近，而治疗方案却一直没有拿出来。巧稚焦急得几夜没有睡好觉，无论如何也不能眼睁睁地看着两条生命都在生死线上挣扎。她知道，对于这样一位产妇施用剖腹手术，确实是不太安全，那么，除了剖腹之外还有什么万全之策呢？巧稚翻阅了大量的有关文献资料，看到国外有用破水头皮钳的案例。但自觉没有充分的把握，于是，便东奔西走地去找熟人商量，虚心地去向有经验的前辈们求教。经过了无数次的反复推敲、探讨和论证，最后她在会诊会议上，勇敢地把施用破水头皮钳的方案提出来。经过了一番激烈的争辩，最后，这个方案终于得到了

浊世里，她一心想着的
只是为同胞姐妹们看病

大多数专家的支持。开始，麦克斯维尔对此方案很不满意，甚至说这简直是一种冒险；后来他也沉默了，用手指有节奏地敲着桌上的玻璃板，静听着别人的争论。那有节奏的敲击声好像给予了他一些启示，他突然站立起来用命令式的口气说："好了，好了，别争论了！林大夫，就按照你的方案进行吧，由你动手来做，我做你的助手！"

巧稚简直不敢相信，麦克斯维尔怎么会做出这样一个把正常秩序颠倒过来的决定。院里刚刚下了聘书，任命林巧稚为妇产科主任的助手，现在怎么会突然颠倒了一个个儿：让助手做主治，而让主治来做助手？她红着脸站起来想反驳，但她知道，一个下级大夫想驳倒上级，这是当时所不允许的。

在无影灯下，麦克斯维尔睁大了一双褐色的眼睛，望着巧稚律动地帮助孕妇助产。巧稚全神贯注，一边轻巧灵活地运用着两只手，一边亲切地和产妇搭着话："你想喝水吗？不要害怕，要放轻松些，对，对，就是这样！很快一切都会好的！"做着做着，她高兴地回过头来对麦克斯维尔说："主任，在五至六点处已经摸到胎膜了！做下去吗？"麦克斯维尔没有回答，只是很不明确地耸了耸肩头。

巧稚知道从主任那里不会得到比这更多的东西了。能够给予她信心和力量的，只有自己的心灵。她又望了望产妇的脸色，坚定地说："上破水头皮钳！"由于她事前做好了充分的准备，所以

△ 这是林巧稚大夫接生过的婴儿的部分照片

虽然是第一次做这样的引产手术，但操作仍很有秩序，她很有分寸地把握着应该加的力度。她咬着嘴唇，凝聚着全副精力，在探取着人间的一个新的希望，一个从母体中走到光亮里来的小生命。

她成功了。小生命被钳出来了。他不住地啼哭，满含着委屈，大概是被头皮钳给夹疼了，他不能谅解这个不讲情面的医生，为什么要用这样的"刑

逝世里，她一心想着的只是为同胞姐妹们看病

具"来迎接他的到来?

麦克斯维尔再一次显现出他那沸点很高的欢快,毫不掩饰地咧开嘴大笑起来,用力地拍着巧稚的肩头说:"林大夫,你本身就是一个奇迹! 奇迹! 不怪外科主任说你是一个有创造性的大夫!"看着主任为成功而乐得像个孩子似的,巧稚把几天来对他不满意的情绪,统统抛到九霄云外去了。

由于巧稚这一连串的出色业绩,医院里决定给予她为期九个月的出国进修机会。院长顾临博士专门给她写了一封亲笔信,告诉她:"你可以得到享受助学金的机会去到英国进修,下一步,我们将要研究你出国的具体时间。"有一天,麦克斯维尔又突然兴致勃勃地走过来,伸出大手对她说:"祝贺你,林大夫,一切都很顺利。顾临博士已经批准了我的建议,从今年7月1日起,你作为我的科主任助手,年薪将由1500元提高到2700元。"

林巧稚去伦敦和曼彻斯特进修回来之后,在工作上更加受到院方,特别是妇产科主任的赏识,她除了在本科室里工作之外,还要作为麦克斯维尔的助手,在协和医学院妇产科学系里兼课,带领学生们去实习;而且,还被邀请到刚刚成立不久的助产士学校里去讲课。因此,在1937年1月11日,协和医学院行政委员会便通过了一项决议,将林巧稚由讲师提升为副教授。在这批新晋升高级学术职称的人员中,巧稚是最年轻的一个,这是根据她任职以来八年多的时间里,不仅在临床方面有着卓越的成就，而且对于妇产科学方面一些课题的研究，也有着令人瞩目的进展。她发表过许多篇有一定影响的论文，其中有《用造袋术治疗后腹壁囊肿一例》、《新生儿自发性肺气肿》、《妊娠及非妊娠妇女的阴道酵母样霉菌》、《在协和医院生产的畸形头胎儿》、《对妊娠母亲试用破伤风类毒素免疫小生儿》等等。最后一篇论文是她与协和医院里声望很高的谢教授合写的。

1937 年 7 月 7 日夜里，京西卢沟桥那个方向传来了撕天裂地的炮声，接着便是枪声、杀声、咆哮声、嘈杂声、呼喊声、女人凄惨的叫声和孩子的啼哭声，一切时间上的顺次和空间上的秩序都处在摇晃、颠倒的溃乱之中。日本人侵占了北平，古老的城墙被炮火的硝烟熏黑了脸，日寇铁蹄肆意地践踏着战火燃烧着的土地。尸横遍野，血肉横飞。可怜的逃难人群哭天号地，惊恐慌乱地拥进城里来，绝望地奔跑着、拥塞着，有的人一跌倒在地就再也爬不起来了，殷红的血浸湿了土地。死神狂笑地抖动着双翼在黑暗的空中盘旋着。

被屠杀和抢掠搅得一团混乱的城里，协和这个"孤岛"表面上依然平静如常，小心翼翼地

乱世里，她一心想着的
只是为同胞姐妹们看病

在四周刀光火影中悄悄地躲藏着。他们虽然还在照常地接纳病人，开方治病，但那些外国人，却在暗地里进行着频繁的活动，不断地到小礼堂里去聚会，匆匆忙忙地奔来，又慌慌张张地离开，从他们阴沉的脸色上可以看出，他们内心里也是恐惧的，正在商量着采取怎样的应变之策。

一天，麦克斯维尔主任把巧稚叫到他的办公室里，一边脱去他身上的白大褂，一边对巧稚说："林教授，我离开家的时间太长了，不能总这样下去了！应该回去了！我们这回真的要分别了，但愿它不是永久的！"在他说过这话不久，又回到办公室里来，看起来他是经过反复的酝酿之后才提出来的："林教授，我很希望你能到我们英国去！那里有足够的宁静与和平，可以让你安心地从事我们大家都准备为其献身的医学事业。当然，你到那里会感到陌生，不过，我敢向你保证，只要你愿意，我会尽力地帮助你，一定会给你提供使你满意的工作条件，实验室、手术室、英镑、别墅……一切都会有的，我相信我们的国家一定会欢迎像你这样一位出色的医生的！"

"不，不，麦克斯维尔先生！我哪里也不去，我不想离开协和！"这个邀请虽然来得很突然，但是要巧稚做出回答却丝毫不需要思索与判断的时间。

"协和恐怕也未必能够长久了！"麦克斯维尔透露了多少日子以来他对于时局发展前途所做的预测。

"协和没有了，我也不离开这里！"巧稚再一次毫不犹豫地说。

"为什么？"

"因为我不能离开我们的国家。我是一个中国医生，我命中注定要为中国女人治病！"

"可是这里有战争！你明白吗，有战争！战争是能够毁灭一切的，只要有一颗炮弹，这里就会全都变成废墟，变成一堆散发着苦涩气味的焦土。啊，太可怕了！"他说着，闭上了眼睛，脸上被一种紧张的气氛笼罩着，眼角的肌肉因受一根痛楚的神经所牵扯，不断微微地抽搐着。"战争，是个可怕的怪物，它能够吞噬掉整个世界，能够吞噬掉你和我，吞噬掉——"他用手指了指阴沉灰暗的协和医院里的一切一切。停了一阵之后，他又对巧稚说："林教授，我早已看出，你是一个很有前途的医生，你一定会对医学事业做出自己贡献的！为了医学，为了理想，你应当离开这里，离开这个可怕的战争漩涡！"

现在巧稚全看明白了，麦克斯维尔先生这样急着要走，不是别的原因，当然别的原因也都在不同程度上影响着他，但最主要的是他害怕战争，害怕那没长眼睛的炮弹，说不定什么时候会落到他的头上，不仅使他无法再从事他所热恋的医学，甚至连自己的家门都走不回去，连多年一直盼望的妻子和女儿的面都见不着了。

"谢谢你，麦克斯维尔先生。"巧稚伸手向他告别。麦克斯维尔将巧稚送到楼梯口时，他对着巧稚的背影还再一次地关照说："林教授，你再好好地考虑一下，我看还是离开这里为好！你什么时候想到我们英国去，我们都欢迎你！如果你不愿意去英国，到美国去也行，那里的妇产科也一定会欢迎你的！"

➡ 妊娠，女人的生理和心理

★★★★★

生儿育女，产前产后，这在从前一直是

妇女们一道难以通过的关卡。民间有句俗话说得好："车老板难躲过车前车后，妇女们难躲过产前产后！"在我们这个贫困落后、医疗卫生条件极差的国家里，不知道有多少女人都是死在那难以躲过的产前产后！因此，怎样对产妇及早做产前检查、降低难产率，对于妇女常见的疾病，如子宫出血和宫颈糜烂等病，能够又快又准确地做出诊断，找出最简便的治疗方法，一直是巧稚最关心的题目。她有一副菩萨心肠，那便是怎样让女人们都能顺利地躲过这些灾难。

此外，巧稚对于内分泌问题也极感兴趣。因为生儿育女，既是女人的苦难，也是女人的幸福和骄傲，是女人的一种特殊的生理机能。它不应当成为诱发妇女病的一种原因。那么，为什么这种生理机能，会常常引起那么多种疾病呢？为什么它不像人们其他生理机能，例如我们吃饭的消化机能、血液的循环功能等等，虽然也会产生疾病，但它的发病率远不如因为生育所造成的妇科疾病那样多。

为了从生理上寻找根源，就要解剖女人的这种特殊的生理结构，就要弄清楚产生妊娠的生理原因。女人之所以能够妊娠，首先是因为她们会有规律地产生月经，从中能够分泌出足够数量的卵子来。这是内分泌体系中的一个一般性问题，但也是这个体系中的一个特殊问题。一个女人，如果没有月经，不能排卵，也就是不能进行正常的内分泌功能，便不能怀孕。从一般

乱世里，她一心想着的
只是为同胞姐妹们看病

的临床经验来看，月经和排卵正常，女人的身体状况就比较良好。一旦月经和排卵不正常，身体健康也就会随之发生不正常的变化。可见，内分泌的这种功能对于女人的生理和心理，都有着极为重要的影响。一个妇产科医生，必须把内分泌这种生理功能摸透，娴熟地掌握内分泌过程中的正常与不正常的种种迹象和产生这些迹象的前因后果，才能掌握由正常到不正常和由不正常到正常的转化基因。

怎么样才能尽快地寻找到解除女人因为生育而带来的本来不应带来的那些疾病的办法呢？内分泌问题，很有可能就是解开妊娠之谜的一把钥匙。她在探索，她在寻觅，在学问之海里孤帆远航。有人曾把这种苦心孤诣的探索比做是"上穷碧落下黄泉"，然而，令人不无遗憾的是，常常是在费尽了全部心血的"上寻"和"下探"之后，仍然是"两处茫茫皆不见"。并不是每一个人的追求，每一次的追求，都能够如愿以偿地获得效果。发明和发现，是一个千寻难得一见的机遇。

巧稚在探求的过程中，曾经看到文献资料中有位名叫纳渥克博士的几篇很有分量的学术论文。那是美国的一位著名的妇产科专家、内分泌专家。如果能够得到这样一位高人的当面指教，她的探索定会绕开不少暗礁，尽快地开辟一条最有希望见到曙光的蹊径。

为此，林巧稚多次向院方提出再次出国进修考察的申请。

一天，麦克斯维尔走后接替他职务的美国人惠狄克主任找到了巧稚，得意洋洋地告诉她说："经过我的多方斡旋，院里答应可以讨论你出国进修考察的申请。现在，我马上就为你写推荐书，并争取让医院执委会讨论通过。"接着，他又表现出十足的热情，说："我建议你把生理学与妇产科学之间的联系，作为这次进修考察的方向。为此，我将推荐你去找哈德曼和斯多德两位博士，必要的话，我还可以将你介绍给艾蒂尔教授，他们都是世界知名的权威！"

协和对于医护人员的苛刻条件，随着新人上台变得越来越明显了。他们提出，一千多元的实验费用必须由当事人自己预先支付，即先有货币的垫支，然后才有协和医院的补贴。你要想学到知识，就要首先勒紧裤带，从你自己的生活费用里抠出一部分来，或者是向其他的人借贷。而且，你要想多学到一点东西，多做一些试验，你的背上就要多背上一层债务。协和是要你既为它耗尽了心血，又要将你紧紧地拴到它的裤腰带上的。林巧稚为了能够为同胞姐妹尽快找到解除疾病的良方，她愿意背起这个债务。

乱世里，她一心想着的
只是为同胞姐妹们看病

经过一个多月的波翻浪滚，巧稚漂洋过海来到了美国，到芝加哥大学找到了艾蒂尔教授，向他递上了惠狄克主任的推荐信。

艾蒂尔博士是美国很有名望的一位妇产科专家。他在生理学、妇科肿瘤、内分泌和畸形胎儿等方面，都有很深的造诣，发表过不少有独到见解的文章；同时，他也是一位很和善、性格活泼爽朗的人。说话时的态度极其悠闲文雅，他从不故作姿态，但却处处显示出一种令人敬佩的长者风度来。

△ 1938年7月，林巧稚出任协和医院妇产科代理主任

他一见到巧稚便像见到了多年的老朋友似的，愉快地把手伸过去说："看到你来，我很高兴，很高兴！我的实验室将为你专门配一把钥匙！"

他关怀备至地说："实验前必须把各项准备工作做好，你懂吗，我的孩子？一定要把准备工作做好！"接着，他又用加重的语气把这句话重复了一遍。谈话中，当他发现巧稚的英语，不论是在口语还是在文字方面都是一流的水平时，更是乐得合不上嘴。像个小孩子似的抓住了巧稚的手说："真想不到，你的英语说得这么好。你是我所见到的中国人中间，英语说得最出色的一个！不知道你是从什么时候开始学的？"

"从小时候就跟父亲学习英语了！"巧稚回答说。

"跟你父亲？那他一定是一个美国通了！他来过美国吗？"艾蒂尔教授惊奇地问。

"不，他是一个中学教师，没有到过美国，只是年轻的时候在菲律宾的一所教会学校里读过书！"巧稚略带沉思地回答。

"一个中学教师？很了不起！很了不起！我没有机会见到你的父亲，但我从你的身上已经看到了你的父亲。他培育了一个很有用的人才！"教授脸上的红润变得更为明显。

几个月后，院里通过惠狄克给艾蒂尔教授写来了一封信，要教授将林巧稚的冬季实验费，尽可能地控制在最低的限度之内。教授很是生气，把信直接地摊给了林巧稚，说："冬季的实验费是很昂贵的，这一点，协和不是不知道，他们把这么高的实验费交给私人来支付，这不是难为人吗？我的经济状况也不富裕，林大夫，恐怕我给你的支持，也如他们所说的，只能是限制在最低的极限之内了！"

教授虽然嘴上是这么说的，但他给予巧稚的帮助，不仅是在学术上和实验上，而且在经济上也是极大的。

几个月的时间过去了，巧稚完成了全部的医学实验工作，获得了大大超过预期效果的丰盛收获。正在做回国的准备时，和蔼可亲的艾蒂尔教授走进来说："林教授，如果你觉得我们的合作对你是有益的话，我向芝加哥大学推荐，聘请你留在我们的妇产科里！我有充分的理由推荐你，你写的那篇《论胎儿宫内呼吸》的论文，在美国医学界影响颇大，已经获得了奖金和'美国自然科学荣誉委员会'的委员证书，所以你被留用到芝加哥大学肯定是没有问题的，关键是看你本人的态度！"

"这——"巧稚一时茫然失措，想不出该怎么样回答这个突如其来的问题。

艾蒂尔博士坐在对面的沙发上凝视着巧稚，期待着巧稚能够给他一个满意的答复："怎么样，林教授？你接受了我的邀请？"

"不，不，这是不可能的！"巧稚毫不迟疑地说，"我不能留在这里，进修计划完成后，我马上就回协和去，回到我们的国家里!"

"可是那里正在打仗!"艾蒂尔博士把双手一摊,叹息地说,"唉,战争,可怕的战争!它会毁了一切的!像你这样的医生,有才能,有魄力,正应当为医学事业做出一番贡献!我们这里会为你提供一切方便条件的。你的理想,你的希望,在我们这块肥沃的土壤上是最容易开花结果的!"

"谢谢您的好意,艾蒂尔教授!"巧稚心情激动地说,"我来这里进修的理想和目的,就是为了回去能办好妇产科,能更好地为我们中国的妇女和孩子们治病。我不回到我们自己的国家里,怎么能够实现我的理想呢?战争,我不害怕!既然我的那些同胞们都在战争的翅膀覆盖之下生活,我也应当到那里去!我没有什么特殊的理由比别人更加害怕!"

一个月之后,林巧稚乘船回到了中国。

1941 年 12 月 8 日,日本偷袭珍珠港成功,美国对日宣战,爆发了太平洋战争。

在一个严寒和昏暗的夜里,日本兵突然开进了协和医院,将那块六万多平方米的空间给团团

乱世里,她一心想着的
只是为同胞姐妹们看病

地包围住。正在为病人打针吃药和开刀的医生、护士、药剂师和其他医护人员，都被赶到走廊里去，然后又像犯人似的被押送出去。那些病人的命运更是凄惨，能够走动的已随医护人员一起被赶走了；而那些不能走动的病人只能挺在那里忍受折磨，有的就死在滴空了的输液针下和手术台上，有的带着氧气鼻管咽下了最后一口气。整个大楼的灯都熄灭了，治病的医院变成了埋葬人的坟墓。

林巧稚被赶出了协和医院的大门，没过几天，他们居住在北极阁大院里的宿舍，也被限期地给腾出来。现在，她已成为一只无巢可栖的寒冬里的鸟雀了。冰天雪地，日暮天寒，孤零零的一个女人将安身何处，飘落何方？国破家亡，职业和生活都被碾得粉碎。满面忧伤，满腹愁肠，满目凄凉。

幸好，在这个风雨飘零的时候有两个年轻人来到了她的身边，一个是她大哥的女儿林懿铿，一个是懿铿的丈夫周华康。华康是由协和医学院毕业后被留在协和医院小儿科里做实习大夫的。懿铿原是燕京大学化学系毕业生，自然，她对于西药这一行当也是很熟悉的。

俗话说：单丝难成网，孤树不成林。现在有三个精通医药的人聚合到一起，便形成了一股可以铸造一切的力量。不久，他们就在华康的父亲帮助下，在东单北边东堂子胡同的一个小小四合院里，开办起一个"林巧稚诊疗所"来。

➔ 一个骑毛驴下乡的名教授

★★★★★

林巧稚诊疗所一开业，便门庭若市，挤满了候诊的人群。早在抗战以前，林巧稚的大名就已为社会各界人士所熟悉：协和医院中第一个中国妇产科女大夫、专家、教授，又担任了代理科主任的高级职务。她的医术，特别是在临床上的敏锐判断，更是为人们所传颂。不要说社会许多上层人物的妻小想着法儿请她看病，就是各国驻华使馆里的夫人小姐，也都认为林大夫的医术才是她们最放心和最信得过的。巧稚在职业上又是勤耕细耘的人，不论是谁来看病，都一视同仁，随叫随到。十几年来，她每天都是用比别人更多的时间来工作，有时是昼夜连轴转地干。

乱世里，她一心想着的
只是为同胞姐妹们看病

因此，她所诊治过的病人，她所接生下来的孩子，在人群之中已是多得不可计数了。

为了使更多的贫苦人家也能得到治病的机会，巧稚决定将普通门诊挂号费降为三角钱。那时，北平城里的妇产科诊所虽然不多，但一般的也有几家，他们的门诊挂号费最少是五角，多的有几块钱的。林巧稚诊所一降低收费标准，便引起了一片哗然，招惹许多同行的不满。他们都知道，声望很高的林巧稚大夫一开业，他们的门诊病人已经有很大一部分被吸引过去，如今她又把门诊收费标准降得那么低，这还有谁能够再找到他们的门上来呢？为此有人去找巧稚，请林大夫为大家的生计发发善心，是否也将收费标准略略地往上提一提，起码不能再比他们最低的五角还要低。

巧稚的心里何尝没有慈善之念，她的一百个信条中有九十九个就是关于博爱、仁慈和广施于人的，对于同行业的人，她不无怜悯之念，也丝毫没有挤兑他们的意思，可是她想，对于那些病人，特别是那些贫苦无援的病人，不是更需要这种善念吗？五角钱，那时已是半袋面粉的价钱了，再要打针、吃药、开刀动手术，对于一个小户人家来说，该是何等沉重的负担呀！她劝行业同仁能不能把这个善念推广开来，都把收费标准降低下来呢？

眼见得到她这里来看门诊的人越来越多，请她到外面出诊的也络绎不绝，为了能够多赢得一点时间，远近都能够跑到，巧稚包了一辆人力车。拉车的是一个40多岁的汉子，为人吃苦耐劳，心眼厚道，无论刮风下雨，酷暑严寒，说一声他抬脚就走，从来不讲二话，而且，这也是他打心眼儿里愿意这样做的。为林大夫出车，不避风雨严寒地跑路，他心甘情愿，因为，他亲身受到过林大夫的舍己为人的救命之恩。

那是一个秋天的夜晚，阴云密布，西北方的天角上滚过来轰隆隆的雷声，庭院里的树被风吹得疯癫若狂地摇摆着，树叶发出阵阵让人听见心里感到无限凄凉的声音。巧稚忙碌了一天，刚刚睡下，就听得看门的老汉悄声地唤她："林大夫，你睡了吗？门外有人求你急诊，说家里有人难产，怕要过不去了！"

林巧稚赶紧穿上衣服走了出来，还没有到大门口，来的人俯身就要下跪，口里不住地说："大夫，求您行行好吧，我家里的怕是要过不去了！"那人，就是眼下为她拉车的老薛。

侄女懿铿也闻声赶了出来，她一听说病人的家住在西北城，就摇头说："三姑，你不能去。

浊世里，她一心想着的
只是为同胞姐妹们看病

天这么晚了，又下着雨，这怎么行呢？"

来人忙说："我是拉车的，车子就放在门口，请大夫快上车吧！"

巧稚听说，回身走进屋内取了出诊包，跳上车子就随那人去了。很快，就消失在漆黑的夜雨之中。

车子停在一间低矮潮湿的屋前。产妇的公公婆婆已经站在雨中等候好久了，他们高兴地说："菩萨来了，谢天谢地！我儿媳妇有救了，有救了！"老婆婆把巧稚让到屋里去，一边给她斟水，一边流着眼泪说："林大夫，您行行好吧，救救我这苦命的儿媳妇吧！她到我们家里来，吃苦受罪没得到一天的好，如今眼看着气都快上不来了，要扔下这家子人走了，这可怎么好呢！"

巧稚这时忘记了自己，也忘记了自己身边的一切，屋里没有一张凳子，她就双膝顶着炕沿，半弯着腰，小心谨慎地帮助产妇扶正了胎位，接着又用一双灵巧的手为她助产，那位已经走到了地狱门口的产妇又有了生机，极端衰弱的身体内又出现了自娩的力量。紧张地过了半个多小时。在这段时间内，屋里的人都已屏住了呼吸，好像都在做好了迎候死神到来的准备，可是意想不到，死神的黑影子却悄悄地从屋檐角上溜走了。一阵悦耳的呱呱啼哭声，把人们僵硬了的神经又震醒了。婴儿降生了，产妇也在连续地喘着粗气。

多少年来，老薛便背负着这份无言可以诉说的感念之情，

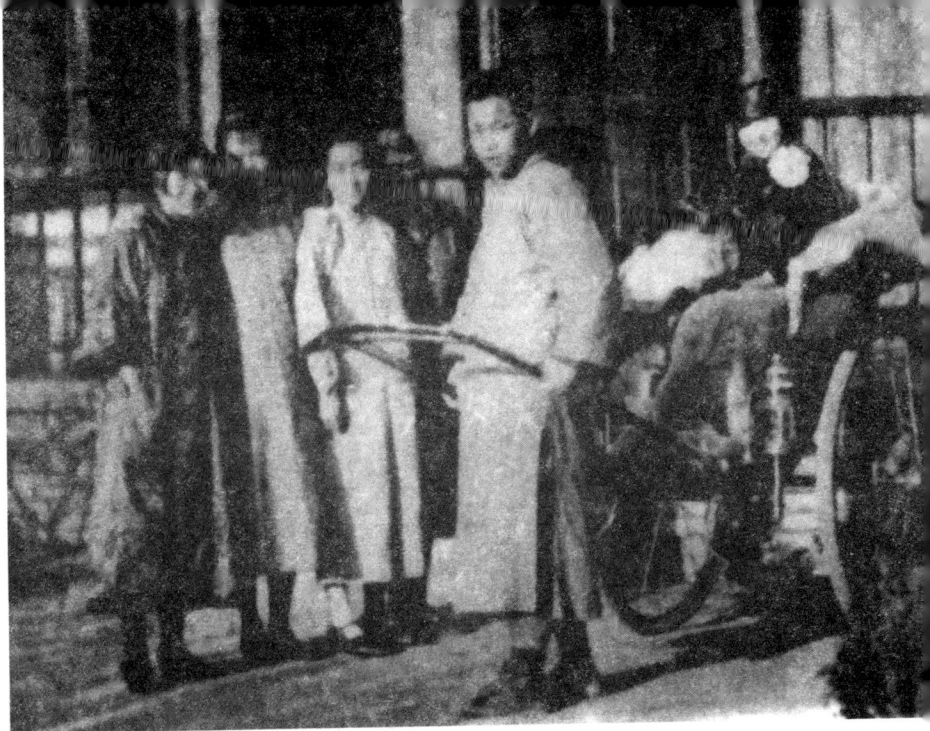

风里来雨里去，昼夜不停地拉着林大夫，跑遍了北平城里东西南北各个角落。

但是，也有他这个人力车跑不到的地方，特别是那些山路崎岖、坡陡路隘的山乡僻寨。这时，林巧稚只好骑一头毛驴，颠簸数十里地去出诊。每看到她那坐在驴背上提着药箱的清瘦身影，人们无不赞叹地说："你瞧人家林大夫，那是协和医院里的把头排的专家学者、全国著名教授呀，也骑着毛驴走乡串寨地去接生！没有她那么高的医德，谁能做得到？"

是呀，谁能做得到？而且，不止是一朝一夕、一次两次！

一年以后，位于西北城白塔寺附近的一家中和医院，不断扩大经营规模，陆续把原协和医院里的一些著名医生如钟惠澜等都聘请过去。有一天，已担任了院长的钟惠澜登门去拜访，请林巧稚出山，让她到他们马上就要开设的妇产科里去当主任。林巧稚说："当不当这个主任我不在乎，但能把协和那些老人又聚合到一起，不使他们流失，总是一件大好事。"而且她又想，眼下里在东城这一大片地区里，大小有她那么一个诊疗所，而西城恁大一块地界竟连一个产科病房都没有，让人们都大老远地跑到东城里去就诊太不方便了，于是她就慨然地答应下来，决定两面从业，半天在中和医院里就诊，半天仍在东堂子胡同她那个小小诊疗所里。

在那个时候，有不少大夫的腰包里都揣着一摞子病人的欠债条子，病人暂时付不了款，找医生求情，医生就让他们写张欠条，让他们先出院，等日后凑足了钱，再将那张欠条赎取回来。有时候，医生还免不了要找到病人的门上去催收那笔债务。可是巧稚的腰包里，一张这种欠款条子也没有。因为，她一收到这种欠条，立即就将它撕掉了。她觉得自己生下来的义务，就是偿还、偿还、偿还上帝所赐予她的一切。她没有权利向人间去索取，活着一天，她就要偿还一天，唯恐自己的施舍与偿还很不够呢!

　　她常听父亲给她讲这样的一个故事。说三国时候有个名叫董奉的，也是他们福建人，医术很是高明，交趾太守杜燮得了病，昏迷三天，人事不省，有人就把他请了去。董奉给太守吃下了三服药，病就痊愈了。于是，董奉的名字就传遍了天下，到处都有人请他看病。后来董奉到了庐山脚下，看那里的山川秀丽便定居下来，专为那一方的黎民百姓治病。他给人治病分文不取，只

△ 农民牵小毛驴来接林巧稚出珍

濁世里，她一心想着的
只是为同胞姐妹们看病

是要求重病患者在他治愈之后，到莲花峰下种杏树 5 棵，轻病患者种 3 棵。几年之后，庐山北麓的莲花峰下，已经是一片灿若明霞的杏树林了。董奉将杏林所得的收入，全部周济给周围贫困的老百姓。

　　父亲还经常勉励她：不作良相，便为良医。良医之心，不也应当像董奉那样，充满着周济、施舍与偿还的信念吗!

黎明后，她精湛医术怒放出鲜艳奇葩

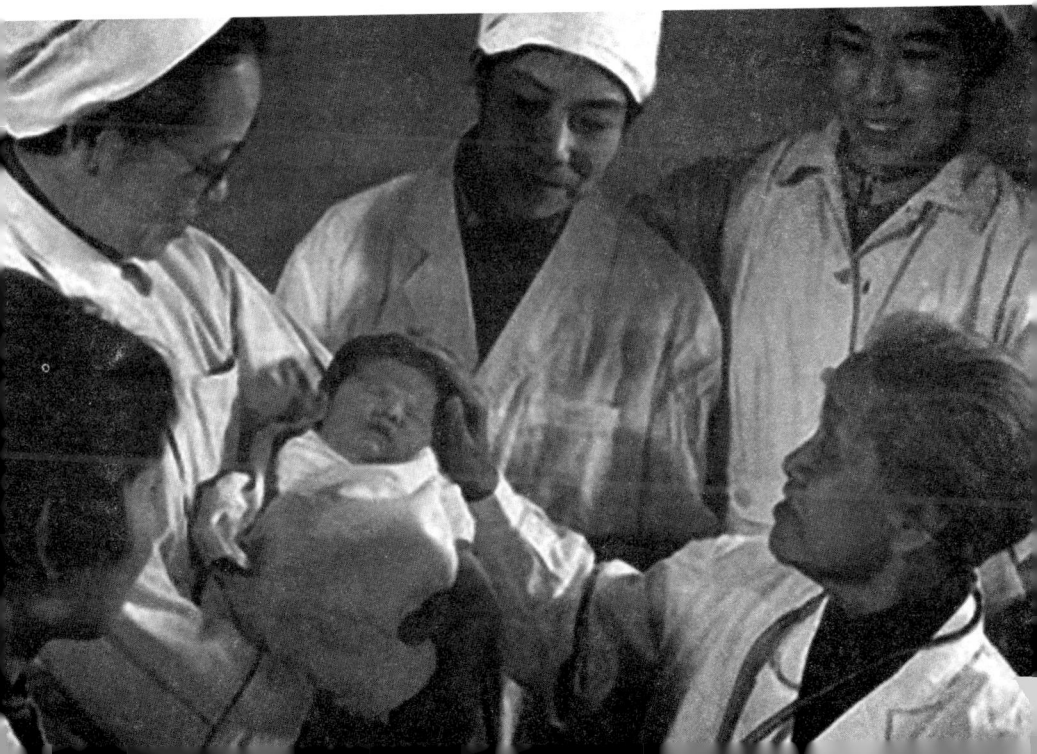

➡ 这里的黎明静悄悄

★★★★★

　　林巧稚这种两地从业的医诊生活，一直过了6年，直到1948年2月协和医院在北平原址恢复，她才告别往昔，重新走进那座庄严肃穆的绿色屋檐下，并由代理主任升任为妇产科的正式主任。

　　林巧稚她们刚刚回到协和医院不久，病房里就来了一位十分高贵的夫人——北平行辕主任傅作义将军的太太。这在当时的协和医院来说，自然是一件极不寻常的事情。一般的大夫是不敢迎上前去的，都怕出了差错担待不起。巧稚无奈，只好自己出面为傅太太检查、诊断。不过，这位傅太太倒不像一般贵夫人那样娇贵傲慢、盛气凌人。她待人挺和气，遇事也通情达理。在短短的几天接

乐做后人垫脚石

→ 弃婴遇救星

★★★★★

　　1997 年秀贞的企业碰上个发展的机会。她表弟刘章群在天津干橡胶生意多年，因为合伙人发生矛盾，干不下去了。表弟决定把橡胶企业转到家乡来。他回来是有目的的，他就是冲着表姐来的。他知道表姐和姐夫人品好，搭伙绝对没问题，他也知道表姐人缘好，办企业会有个好环境。表弟跟秀贞把想法一说，他们马上拍板定案。说干就干，第一天申请执照，第二天购料，第三天开工生产。一个小橡胶厂顺顺当当地办起来了。

　　这时候已有三位孤寡老人去世，活着的三位老人身体也都慢慢康复。秀贞把家里安顿好，就抓紧和丈夫到外边跑业务。随着企业的发展，她又有了一些新的想法，除了继续赡养好孤寡老人之外，还应该为社会做别的事，光图自己赚钱那叫没出息。正在这时，碰到一件意外的事。

　　1998 年 1 月秀贞在合肥火车站等车，一个陌生的年轻媳妇怀抱一个婴儿走过来，跟秀贞搭讪几句就坐在她身边。不大会儿她就说要去厕所，把婴儿递到秀贞怀里让她帮忙照看一会儿。没想到，那媳妇一去就再没回来。秀贞想这里边肯定有事，忙解开孩子身上的小被子，发现里边有张字条。打开一看，几行歪歪斜斜的钢笔字："请好心人收养这个孩子吧，他的生日是 1997 年 10 月 21 日，我会永远感谢您。"

　　秀贞一下子明白过来，这位年轻母亲把自己出生才四十天的亲生儿子遗弃了。怎么办呀，总不能把孩子再转手扔掉呀！这时候秀贞抱着这个瘦小的婴儿，却感到沉得厉害。这是一份责任，俺一定要为这个苦命的孩子做主。秀贞一咬牙，就抱着孩子踏上了返回故乡的火车。

旅途中，同行的人们看到秀贞怀里这个小得可怜的婴儿，都劝她尽快转交民政部门，千万别死在自己手里。秀贞想，自己已是 50 多岁的人了，办着两摊企业，养着三个老人，哪有精力再养这样一个孩子。可是这个责任压在俺头上，俺不能推出去，俺要做这个孩子的母亲，要给他一个温暖的家。

秀贞和丈夫把孩子当亲生儿子看待。孩子身体弱，秀贞就买最好的奶粉，用开水沏好，一勺一勺地喂；夜里孩子爱哭，她和丈夫就轮流抱着哄，舍不得孩子受一点儿委屈。几十天的时间里，秀贞都不脱衣裳，一晚上起来三五次。秀贞到底年岁大了些，还有心脏病，经不得这样折腾。身体有些支撑不住，一下子瘦了十来斤。

七十多岁的老娘心疼闺女，贞啊，你做的事娘都支持，可你也不是小年纪了，娘怕你受不了啊。秀贞说，娘啊，这孩子命苦，俺不亲手管他心里过不去呀！有一天孩子哭得厉害，秀贞看他脸色青紫，呼吸困难，急忙抱上孩子乘车赶到县医院，经诊断才知道这孩子是先天性心脏病，需要手术。秀贞和丈夫一商量，马上决定去北京大医院治疗。

此后半年的时间里，她和丈夫都把给孩子看病当作家里的头等大事，来来往往奔波于北京的各大医院。真是万幸，经过大医院名医的精心诊治，用保守治疗的方法缓解了病情，孩子没受大罪，秀贞也看到了希望。在一家人精心呵护下，病弱的孩子总算活下来了。

孩子渐渐懂事了，他越来越离不开秀贞，只有在秀贞怀里才睡得安稳。丈夫瞅着秀贞怀里的孩子和她熬得发红的眼睛，动情地说，秀贞啊，连北京的大医院都不敢保准这孩子能活下来，没想到奇迹却出现了，这孩子和咱有缘啊，咱就叫他"宝逢"吧。就用"朱宝逢"这个名字为孩子办了收养证和户口本，后来又用上级为企业奖给她的农转非指标给孩子上了城市户口。

现在秀贞一家人都是农民，只有宝逢是"城里人"。小宝逢已经15岁了，是个活泼聪明的高中生了。看到孩子能在书声琅琅的教室里坐着，想到他将来能成为国家的栋梁，秀贞心里甭提多幸福了。

➜ 寒门学子遇恩人

★★★★★

弃儿是被母亲剥夺了被抚养的权利，而贫困学生则是被学校剥夺了受教育的权利。林秀贞因一个偶然的机缘被动地做了一个弃儿的母亲，她又因同乡的关系主动地做了20个贫困学生的救助者。

1993年秋，邻村一个孩子王勇考上了石家庄一所大学，同学们都投来敬佩和羡慕的目光，作为偏僻农村的孩子，这是改变人生命运的关键一步。可是这个孩子生在一个不幸的家庭，5500元的学费对他家来说是一个天文数字。他父亲因病去世，寡母带着五个儿女艰难度日，姥姥是个久病卧床的孤寡老人，母亲还肩负着赡养老人的重担。王勇和秀贞的儿子是同学，中学阶段秀贞就经常接济他。秀贞深知，王勇拿不出5500元学费，肯定要被学校拒之门外。接到录取通知书的那天晚上，王勇母亲愁得一夜未睡，她母子还不知道，邻村这位同学的母亲也彻夜未眠。第二天秀贞东拼西凑，1元的、2元的、5元的，最大的是10元的，5500元钱装了鼓鼓囊囊一书包，秀贞拉上丈夫将钱送到王勇家里。王勇和母亲没敢接那个盛钱的书包，母子双双向秀贞跪下了。秀贞赶忙将他们拉起来，又拍着王勇的肩膀说，好孩子，考上大学不容易，这书说什么也得念下去，学了知识才能报效国家呀！王勇淌着泪水又要向秀贞下跪，被秀贞紧紧抱住。

➔ 为了三个"金凤凰"

★★★★★

邻村还有一个贫困家庭，从 1994 年开始，四年内三个孩子都相继考上了大中专学校。一个"鸡窝"里飞出三个"金凤凰"，在这一带村子里也曾引起不小的震动。可同乡们也都知道，这个家庭根本无力供孩子升入高等学校。孩子的父亲常年有病，34 岁才娶上媳妇。孩子的母亲也患有高血压、心脏病。村里无机井，地里收成无几，连饭都吃不上，拿什么供三个学生上大学。

秀贞年轻时在这个村住过，她对这个家庭太了解了。从这第一个孩子考上大学开始，秀贞就下决心支持这个家庭。就像资助王勇那样，每逢一个孩子收到录取通知书，秀贞都照旧送去一书包钱。第一个孩子是 3000 元，第二个孩子又是 3000 元，第三个孩子考上时，第一个孩子已经毕业参加工作，秀贞就少拿了一点。等三个孩子都毕业了，他们的父母也都相继去世。

有一天晚上，秀贞和表弟乘车路过这个村子，忽然听见村头传来一片哭声，停车一问，正是这三个孩子的母亲去世了。秀贞和表弟掏光了衣兜，凑了 300 元钱，送到正在悲痛欲绝的大儿子手里，并再三嘱咐，孩子，你先收下这点钱，要是发丧不够用，大娘再给你送来。你父母看病欠下的债可能不少，别难过，大娘可以替你还一部分。三个孩子都哭着跪在秀贞面前。

→ 为了不给孩子造成精神负担

★★★★★

这一带农村有句俗话：贫穷人家借钱难。越是穷越没人借给，人家都怕你还不了。秀贞丈夫的一个同学家在枣强城南一个小村，离秀贞家百十里路。1996年8月，他骑自行车用一天的工夫来到秀贞家。那年他大小子考上了大学，需要6600元学费，从收到录取通知书那天起，他就到处借钱，把所有的亲戚都借过一遍，只凑了3000元。实在没办法，才走远路来求秀贞夫妇帮助。

△ 1958年林秀贞与父母、长兄刘丙全、三弟林丙菊在天津合影

当时，秀贞和丈夫一口答应下来。然后花几天时间通过各种关系筹集了3600元钱，又是一个鼓鼓囊囊的书包递到丈夫那个同学手里。丈夫的同学是个老实人，不会表达，可是心里的

感激总是按不住，他抱起秀贞收养的小宝逢，重复着一句话，逢啊，叔叔家是穷，可你也得往俺家去一回，俺哪怕只包一个饺子给你吃，也让俺平平心……

秀贞要的不是感激，也不是回报，她甚至与孩子的家长达成口头协议，不让孩子知道是秀贞资助了他们，她怕给孩子造成不必要的心理负担。秀贞至今后悔资助第一个孩子时不该守着孩子本人递过去那个书包。这些年来秀贞共资助了 20 名这样的贫困学生，除王勇以外，都是背着孩子把钱交到家长手里的。任何人采访林秀贞，她都绝口不露这些贫困学生的名字。前边说的王勇是作者为行文方便借用的一个名字。

→ 垫脚石

★★★★★

秀贞说，在农村，特别是贫穷人家，大人的唯一希望是孩子；孩子的唯一出路是升学。不少人家往往是因为那几千块钱，让大人那唯一的希望破灭了，把孩子唯一的出路给堵死了。俺帮他们一把，等于扭转了一个家庭的命运。再说国家建设不是需要人才吗，穷人家的孩子更容易成材。正因为想到这一层，俺才倾注那么大的心血办这些事。其实俺家也没钱，只是俺凑钱的路子多一些，俺借钱比他们容易。

秀贞对考上大中专学校而不能升学的孩子的命运有比一般人更深切的理解，因为她有与这些孩子相同的遭遇。三年经济困难期间，林秀贞在北寺中学上初中，她学习非常努力，成绩在班上是最优秀的。毕业时她忍着饥饿，满怀信心，报考了她最向往的铁路学校。考试结束，她感觉试卷答得很好，更增强了上铁路学校的信心。不久，分数下来了，她的成绩超出录取分数线 39.6 分。秀贞按捺不住内心的喜悦。但她没有想到，入学体检时却因左目失明而被取消了入学资格。

长期的努力毁于一旦，多年的希望转眼化为泡影。林秀贞在这种突如其来的打击下，一时间失去了生活的信心。连续几天她一直在哭，躲到屋角里哭，藏到树林里哭，到场院的麦秸垛后边哭，趴到娘的怀里哭。此后几年的时间里，秀贞的情绪一直调整不过来，脾气变得很暴躁。现在回忆那些经历，秀贞仍然心有余憾。她要把这种终生的缺憾通过帮助面临失学的贫困学生弥补过来。

现在，秀贞资助的 20 名学生，已经毕业参加工作，他们在自己的工作岗位上表现得都很出色。

每次提到为孩子们办的那些事，林秀贞总是说，孩子在成长的路上，总会遇上一些沟沟坎坎，俺给他们当个垫脚的石头，让他们在人生道路上走得更安全更顺利一点儿，是俺最大的乐趣和心愿，因为他们代表着祖国的未来。

记录林秀贞

附录一 有关林秀贞的言论

记者说秀贞

我叫杨玉萍，是《衡水日报》的记者。今天，我怀着十分激动的心情，向大家介绍一下我们身边的一位好党员、好大姐，她就是全国优秀共产党员、"感动河北十大人物"之一的农村妇女林秀贞。

这几年，我们曾经多次去采访过林秀贞大姐，听她讲她自己事儿，她有过艰辛，有过快乐，也有过委屈。从一件件的小事中，我们感受到林大姐的内心是那么善良，那么美丽。她常常跟我说："人人管闲事，世上无难事。人人都帮人，世上无穷人。"三十年来，林大姐仅靠自己的微薄之力，义务赡养了6位孤寡老人；资助了20名贫困学生；还安排了13名残疾农民在自己的厂子里就业。她多次慷慨解囊支持公益事业，用她那博大无私的爱谱写了一曲又一曲感人至深的和谐之歌。在枣强县王常乡，不仅1500多口南臣赞村民，就连十里八乡的乡亲们，凡是认识林秀贞的人，无论辈分高低、年龄大小，见面都亲切地称她一声"贞姐"。这不仅是一个称呼，更多的是乡亲们对她敬爱之情的自然流露。

可是，我也曾听到不少人发出这样的疑问：她到底图什么? 按林大姐的话说："我啥也不图。只要我看到我帮助过的人们幸福了、高兴了，我这心里有说不出的甜，那种感觉，那种滋味是用多少钱也换不来的!"

这就是林秀贞，一个普通的农民，一个普通的共产党员，一个生活在我们身边的活生生的先进典型。省委常委、宣传部长赵勇同志曾经这样说过，林秀贞用她发自心底的善良、朴素无华的言行和持久燃烧的激情，为我们树起了一个德比天高的好人形象。她无愧为党的先进性的忠实践行者、社会主义荣辱观的模范实践者、社会主义和谐文化的优秀建设者、新时期河北人文精神的杰出传承者。

绵绵慈母心，悠悠助学情。十几年来，林大姐热心资助了17名贫困学生。我曾经多次去采访她，也不止一次地，想打破砂锅问到底，她资助的孩子到底都是谁？但，最终也未能如愿。这对林大姐来说可是个永不开封的秘密。对于这个秘密，枣强县王常乡原中心校的副校长冯汉成，是知情最多的人。

通过这几年我跟林大姐的频繁接触，给我感受最深的，是她常说的那句话："别人要是有难处我不管呀，我这一辈子都不会安心！"为了让身有残疾的乡亲有一个幸福温暖的家，从2003年起，林大姐就陆续将8位残疾农民招进了自家的厂子。在自己家里还没有空调彩电的时候，残疾职工的宿舍里就装上了空调，摆上了彩电。这些残疾职工们都亲切地说，贞姐的厂子就是俺们的家。

林大姐用爱体现着仁心，用爱温暖着社会。她将一个共

△ 本书作者刘家科与"双百"人物林秀贞亲切交谈

产党员、一个普通公民的责任尽到了极致。几十年来，林大姐为乡亲们做了多少好事、善事，一桩桩一件件，人们都记在心上。她的高贵品德和崇高精神影响带动了千千万万的燕赵儿女。

林秀贞同志三十年如一日，辛勤劳动，关爱他人，服务人民，奉献社会，将母亲的那句"一辈子做好人，做好人就要做到底"作为自己毕生的信念。她用长年累月的"小善"汇成了"大善"的江河。"小善"长流，"大善"无形。她犹如和谐文化天使，走到哪里，哪里的和谐之树就会常青。她用自己坚韧朴实、诚信包容、乐善好施的品质激励着千千万万的燕赵儿女。

一个集平凡与伟大于一身的人，一个集传统美德与时代精神于一身的人，一个集人性与党性于一身的人，这就是我们感受到的林秀贞。在全国上下认真贯彻党的十六届六中全会精神、努力构建和谐社会的今天，时代呼唤千千万万个林秀贞，社会需要千千万万个林秀贞，让我们从自己做起，做个林秀贞式的好公民。

儿子说娘

我叫朱新宇，今年 32 岁，是林秀贞的儿子。

我从一个不懂事的孩子到长大成人，从大学毕业到成家立业，正是妈妈默默做好事的 30 年。也正是我对妈妈从不理解到理解，从向妈妈学做事到向妈妈学做人的 30 年。

在我还没有出生的时候，爷爷奶奶就已过世了。我大部分童年时光，是在本村的姥姥家度过的。我 2

岁时，妈妈就热心赡养了六爷爷、六奶奶，也就是朱书贵、刘秀焕两位老人。我们大大见不到妈妈和爸爸　他们每天天不亮就起床去干农活，8点钟到社办厂上班，下班后还要伺候老人。

我快9岁时，才知道这对老人不是我家的爷爷奶奶。一天，我问："妈，他们家的孩子呢？他们不管，怎么叫咱管？"我妈立刻就说："快别瞎说，这就是咱家的老人。"我妈说，这对老人很仁义，没儿没女，需要人照顾。我妈还讲了当年六爷爷作为地下党员，冒着生命危险，积极组织村里百姓抗战的故事。听完，我对六爷爷肃然起敬，觉得妈妈照管两老人是件很光荣的事。后来，我妈又赡养了其他四位老人。

小时候，留给我印象最深的是院子里横七竖八的晾衣绳，绳子上挂满了大大小小的尿布。到冬天，我妈每天不停地在冰窟窿里洗呀涮呀，手上裂了一道又一道的口子。我常常见我妈往手上涂蛤蜊油，贴胶布。她摸我的脸蛋儿时，手就像木锉一样。晚上，她还要为老人缝尿布、做衣裳。

十几岁时，我妈就带着我们一块照顾老人。我干活最多的是给老人洗脚，妹妹干的最多的是帮老人洗衣服，人们都喊我妹妹是我们家的洗衣机。

给老人洗脚时，有时老人的脚一踢一踢的，把脏水溅到我脸上和嘴里。开始我觉得恶心，急忙往地上吐口水。我妈就背地里对我说，照顾老人时不准皱眉头、捂鼻子，更不能吐口水。孤寡老人最怕看别人的脸色，本来让人伺候着就不落忍。你再这样，他们就会认为自己是个累赘。

张振起爷爷患小脑萎缩症，总产生幻觉。有一天晚上，我和妈给他洗脚。我学着妈的样子，把老人每个脚丫缝里的泥抠干净，把脚后跟的皱刮干净。不知不觉中，天就黑下来。正洗着，老人突然说："你看，房顶上有两个小孩，穿着红衣服，在那儿跳呢！"当时，我抬头看看房顶，又看看黑咕隆咚的窗外，头皮一下子就麻了，浑身的汗毛都竖起来了。可是妈却很平静地对老人说："别整天自个儿吓唬自个儿，没事！吃了大夫给你新开的药就好了。"老人像是得到了安慰，安静下来，一会儿就睡着了。我问妈："你真的不害怕？"她说早就习惯了。老小孩，老小孩，老人就像小孩一样，得哄着才听话。

几个老人都和我们全家在一个桌上吃饭。人老了，毛病也就多了。

有的流口水，有的流鼻涕。一开始，我和妹妹真是受不了。但妈妈说，谁老了，都这样。她教老人如何讲卫生，但又怕伤他们自尊。给他们一人一个手绢，冬天用来擦鼻涕，夏天用来擦汗。流口水的，就给他们做个围嘴戴上。从此，老人们形成了习惯，就连呆傻老人朱书常爷爷，到现在兜里一直装着小手绢。

到了上中学时，我发现我们家有两样东西是公用的：一个是电话，另一个是电气焊。每天打电话的人不断，但我家从不收钱。一天，一个人打完电话，非要给妈交钱，推来推去好半天，最后我妈还是没要。那人走后，我不理解地问我妈，他们上咱家来打电话，交电话费合情合理，咱为什么不要呢？我妈笑着说："儿子，你记住，人家能来家打电话是瞧得起咱，都是乡里乡亲的，咱不能收钱。"1987年，我们家办起了玻璃钢厂，电气焊就成了全村人的工具。谁家的锄头坏了，谁家的犁把该修了，都到我们家来修。有一天，一个人要找角铁的下脚料，当时院子里没有，我妈就让我扛了一根六米长的整料给他送过去，当时我就有些不情愿。我妈看我不高兴就说，不论是谁来到咱家，能帮忙的一定帮忙。人人都有自尊心，不能让人家张开嘴，合不上。

1992年，我正在县里上高中。这天，刚下完雨，我妈骑摩托车，准备去县城办三件事：一是给朱金林老人买药，二是去银行，三是顺便去看看我。没想到，走到半路上心脏病犯了，连人带车摔倒在沟里。幸好遇上熟人，把她抬到附近的蜂窝煤厂休息了近5个小时。我妈刚能动身，本该早点回家，可是一想给老人的药还没买，就硬是撑着去了县城，其他两件事都没办。这件事我知道后心里特难受，心疼妈妈的同时，也深深懂得：在我妈心里，别人永远比自己更重要。

别看我妈对别人总是热情周到、大大方方，可是对我和妹妹却非常严格。

一年放秋假，我和妈每天去摘棉花。摘下的棉花，每天能卖几十块钱。一天在地里干活的时候，我对妈说，家里有钱了，能不能给我买件新衣裳呀？妈光顾着干活，没有应声。我还以为她答应了，心里非常高兴。可是直到开学也不见给我买。那天回到家，我嘟囔着说，哪个同学穿上新运动服了，哪个同学刚买了一双球鞋。我妈对我说："学习好不好不在穿戴上。学习好了，比穿什么都光彩。"后来我才知道，朱金林大爷摔断了腿，爸爸陪着在衡水地区医院住了三个月。爸爸每隔几天回来拿一次钱，就靠着家里的二亩棉花地，治好了老人的病。

小时候，为了教我们怎样待人接物，妈妈扮演客人，教我们怎么说、怎么做，尤其强调送客人出门，要送到胡同口，等人家上了车子，看不见人影了，才能回家。她常说一句话："孩子18岁以前有过错，是父母的教养问题，18岁以后有过错，是自己的修养问题。"

后来，我和妹妹先后考上了学。每次回校，都是从家里带着咸菜和炸酱，衣服也大都是我妈亲手给做的。那时，除学校的生活补贴外，我平均每个月只花费70多块钱，妹妹比我还要少。

1996年大学毕业后，我分到一家建筑公司工作。虽说单位在省会石家庄，但工作时却常年在外地，十年中有五个春节都是在工地上过的。2004年的春节，我在山东省淄博负责建水泥厂，大家都想回家过年，我想自己还是让给别人吧，于是，就给我妈打了个电话。电话里我妈轻松地说，儿子，你别惦记家里，父母都挺好的，在哪过春节都一样。你就安心工作吧。到正月底我回家时，才知道妈妈已经病倒在床好多天了。爸爸还悄悄地告诉我，这年的三十晚上，我妈我爸看着满桌子的饺子，一共也没吃几个。听到这，我的眼泪止不住地流下来，心想哪个父母不希望过年时和孩子们团圆呢？可是我妈总是对我们说，工作的事再小也是大事，家里的事再大也是小事。她受多大累、受多少委屈，从来不在我们面前吭一声，都是一个人默默地承受着。

有人以为，我家办着企业，日子应该很宽裕了。但我父母依然住着70年代盖的房子，用着二十多年前做的家具。我妈的衣服也是"新三年，旧三年，缝缝补补又三年"。去年，我爸把她那有十多个窟窿的背心扔到床底下，不让她穿了，可她自己找着后，又继续穿在身上。

那年6月，我妈要到北京参加中央召开的建党85周年庆祝大会，通知说要穿正装，妈妈就给我发短信问："什么叫正装？"我说就是能在正式场合穿，看起来比较严肃、端庄的衣服。我妈说："干脆让内行的人替我买吧，省得自己买的不合要求，再浪费了。"结果花二百多块钱买的这两身衣服竟是妈妈穿过的最好的衣服了。

我的爱人是个城里长大的独生女，当她了解了妈妈的事迹后，又感动又佩服。结婚后，她就把买嫁妆的23000元拿出来，交到妈妈手里，说用来照顾老人。每次回到家，她还主动为老人们洗衣做饭，连呆傻老人朱书常见到她都非常喜欢。

那年，中央各大媒体相继报道了我妈的事迹。这时我才发现，原来我妈三十年来做了那么多的事，直到今天，我们才真正读懂了妈妈——

一般人不做的，妈妈认真地做了；一般人偶尔做的，妈妈长年做了；一般人想都没想过的，妈妈也做到了。这就是我的妈妈！

校长说秀贞

我叫冯汉成，是衡水市枣强县王常乡原中心校副校长。我曾主抓臣赞片的教育工作。这些年来我没少和贞姐打交道。今天，我想以一个知情者的身份，说说贞姐捐资助学的几件事。

贞姐原先资助了14个孩子上学，今年又资助了3个，一共17个了。这些孩子中有12个已经毕业，走上了工好的开端。当然，这是相当困难的，也是相当危险的！但是这一关总得要闯，总得有人闯！否则，我们就只好永远地停留在原来的认识水平上。我完全同意大家的意见，要严格地做好一切准备工作，预防一切不测的情况发生。现在，我就正式地发出通知，请血库里的同志按照原定计划配血待用！"

血库的同志把输给新生儿的血液配制完毕。

一个新生儿的周身血液，大约在 300 毫升左右。血库同志根据巧稚送来的提血申请，准备了可供配置使用的 12 瓶血浆。为了减少血液中所含的钾对于婴儿产生的不利影响，他们又在配置新鲜血液时将其保存在 37℃的恒温箱内。

晚上9点45分，开始为新生儿换血，这项手术是由巧稚的学生王文彬大夫来操作的。

参加换血手术的人们，都凝神屏息地注视着王文彬大夫的一双手。屋子里虽然挤满了人，却安静极了，连输液管里的血液流下来的滴答声，都听得清清楚楚。人们的眼光不时地从王文彬大夫的手上移到婴儿的脸上，然后又由婴儿的脸上移到林巧稚那紧张而又镇定的脸上。

王大夫从婴儿的脐静脉里缓慢地抽出血来，一切动作都要准确无误，不差分毫。稍有差池，便会带来不可想象的后果。原定计划的速度是：每分钟从婴儿体内抽出 15 毫升的血，同时，滴入 8 毫升的新鲜血液，不时地还要加进一些钙液，输入的血量比抽出的血量少，这样可以减轻对婴儿心脏的压力。

几分钟后，婴儿突然发生一阵躁动，人们的脸已为过度紧张的气氛绷得快要绽开了，而心却紧紧地揪缩到一起。巧稚赶快拿起了听诊器，在自己的手心里贴热了之后，轻轻按在婴儿的胸口上。她这三军统帅，在这千钧一发之际，必须要当机立断，做出恰当的应急决策，否则就会全军覆灭，一败涂地。人们又都把目光转注到她的脸上。只见她这时果断地伸出一只手来，将捏在一起的食指和拇指，慢慢地张开。慢慢地捏合，又慢慢地张开。这是信号，这是命令，这是决定全局胜败的最高指令。王文彬大夫明白，他知道这个手势的全部含义。于是，他把抽血和输血的速度又放慢了。

王文彬大夫放慢了抽血和输血的速度之后，秦振庭和周华康两位儿科大夫也拿出听诊器来，先后地去倾听那颗令人担心的小小心脏。这时，婴儿已经明显地平静下来了，屋内人们绷紧的面孔，这才慢慢地松弛下来。

到凌晨 1 点 50 分，400 毫升的新鲜血液，全部输入新生儿的体内。孩子安详地入睡了，心肺一切正常，人们露出了轻松愉快的笑脸，静悄悄地离开了病房。

新生儿经过换血之后，在第二天早晨就已明显地看出黄疸逐渐减退，眼睛也比以前水灵了。但是，中午过后，减退的黄疸又开始浸润上来。残敌没有肃清，伺机反扑是意料之中的事。巧稚决定由姜梅大夫为新生儿做第二次换血。这次换血是在第三天清晨进行的，根据前一次的经验，他们采取了稳扎稳打、缓缓地抽和缓缓地输的办法，婴儿接受得比较顺畅，没有什么特殊的反应。又是一个 400 毫升的新鲜血液流进了孩子小小的躯体内，婴儿身上的黄疸症状便逐渐逐渐地消失了。

溶血症攻克了，新生儿获得了新生！

这第五个胎儿真是幸运，他没有像他以往那四个哥哥那样，小脚丫儿刚一踏上人生的旅途，生命便像一片小雪花似的眨眼工夫就融化了。医生们的辛劳、智慧和勇气，挽救了他，把他从注定要跌下去的悬崖上拉了回来。

一个月后，这位母亲抱着经历了五次惊涛

骇浪、现在才头一次抱得起来的孩子，高高兴兴地离开了北京，回到他们的家乡内蒙古草原去了。那个经过换血之后长得又白又胖的婴儿，后来经过了草原上的风吹日晒，长成了一个结实健壮的汉子，但是无论如何，他是不会忘记生命之初在林大夫手里经过的那番惊魂夺魄的险恶历程的！

➔ 洞庭湖上来了个巡回医疗队

★★★★★

在八百里洞庭湖中，有一个碧如青螺的小岛名叫关公寨，隶属于湖南岳阳地区湘阴县。有一天，岛上的居民听到了一个惊人的喜讯：北京要给这里派来一个巡回医疗队，里面都是全国有名的大夫。春雷细雨，绽开了满岛灿如明霞的桃花、杏花和油菜花。

1965 年 4 月的一天早晨，中国医学科学院湖南巡回医疗小分队在队长黄家驷的带领下，乘坐三桅风帆大木船，开进到这个湖心岛上。

乡民们都好奇地挤在门口外面，看着这些大夫们把一些长长扁扁的药瓶和药罐一件件地从木箱子里搬出来，然后又有条不紊地摆放在窗台上、铺板上和木桌上。有趣的是，巧稚和她的助手还没有把行李和药品整理好，便有病人找上门来。乡民们都怀着异样的眼光打量着这个银发苍颜的老太太，仅从她那矍铄的仪态和文雅的举止，人们好像就已看到了她神奇的医术。

协和医院的大夫们，长年来一向习惯于高级的医疗设备，要求有严格的无菌操作环境：手术台、器械车、铁床、双层玻璃窗、室内恒温、无影灯，等等。那里，一切都须符合医学科学所严格要求的条件，一切都是按照百分之九十九点几的标准规格为你准备齐全，根本无需大夫自己动手去张罗。参加手术的人员也都文是文，武是武，成龙配套，主刀医师、第一助手、第二助手、第三助手、麻醉师、护士、护理，各就各的位子，各掌各的执事，分工严密，配合井然。

现在，这里什么都没有，一切都是待填补的空白，一无设备，二无班子，连最基本的条件——一盏照亮到能够看清细微的神经网络与血管的无影灯都没有。神医下凡恐怕也要为之蹙眉，感到束手无策了。巧稚真是为难了！可是病人已经来了，看样子又非做手术不成，箭在弦上，弹在膛里，这一枪是非放不可了。而且，这又关系到医疗队的信誉和声望，如果这一枪没有放好，以后医疗队的工作开展，必然会遇到很大的障碍。

病人是个产妇，临产已经有 30 多个小时了，孩子却一直生不出来。情况非常的危险。没有什么回旋的余地了，救死扶伤，是医生义不容辞的天职，更何况他们这次下来，就是专程送医送药来的！"有病送医药，无病送温暖！"这是临下来时周总理亲自传达下来的嘱托。现在，节骨眼儿的时候到了，还能有什么迟疑吗？巧稚当机立断，决定将两个装药的木箱子放在两头，又从老乡家里借来一张门板，一个手术台就这样神奇地搭建成了。她又把农家用的蒸笼借来权当消毒的蒸锅，又找来两盏煤油灯，权当无影的水银灯。至于灯下有着不停晃动的人影子，也就顾不了那许多了。总之，这里是淳朴主宰着一切，一切都必须在淳朴的胸怀里调配颜色，安排布局，挥洒笔墨。

巧稚在这张特制的手术台上，检查到这个产妇是先天性的骨盆狭窄，婴儿体型又大，若要产妇自己娩出必须使用中位产钳助产。而用这种中位产钳助产，即便是在城市大医院里也已是很少使用了，但是，今天夜里却必须使用，否则就要剖腹产，要做更大的手术，那将带来更多的难题。巧稚感到事态的严重，感到了自己肩上的分量。她聚集了一个老年人身上所能产生的全部潜能，巧妙地把握着中位产钳，把握着产妇分娩的火候，把握着新生命脉搏跳动的节奏。她在产妇身旁操作了三个多小时，汗水把鬓角上的银发都湿透了，最后，终于在凌晨三点多钟把婴儿接生下来。巧稚和她的学生为小岛接下了这个充满着欢乐喜悦的小生命。

△ 林巧稚大夫参加中国医学科学院组织的巡回医疗队

黎明后，她精湛医术怒放出鲜艳奇葩

没过几天，村民又送来了第二个难产妇。这是一个二十来岁的年轻妇女，不幸头胎就得了妊娠中毒症。她全身水肿，血压很高，气息微弱，许多人都说她过不了这个坎儿了。巧稚又将她扶到那张药箱加门板搭起来的手术台上，细心地为她做了几个小时的产程处理，结果，在她一片汗水的涔滴之下，关公寨上又多了一个小公民，他的母亲也脱离了险境。不过，这个小公民生下来时并不欢畅，甚至连一声轻微的啼哭都没有。他一来到人世，就窒息了。这里没有氧气瓶，也没有人工呼吸器。巧稚只好伸出拇指和食指与中指，曲成一个等腰三角形，把它放到婴儿的胸部，然后一张一缩地为婴儿做心脏体外人工按摩。接着，她便用左手拎起孩子的两只小脚，头顶朝下地往空中一提，来了个倒挂金钟的姿势。同时，又用右手在婴儿的后背上轻轻地拍击了几下。几秒钟的工夫，婴儿便哇的一声哭起来。他好像受了委屈，也许方才后背被拍疼了。然而，他不知道，要不是背上被击这几掌，他就要永远沉溺在窒息的深渊里了。

巧稚平生最喜欢听的声音，就是产后婴儿的第一声啼哭。那是一首绝妙的生命进行曲，胜过人间一切最悦耳的音乐。她望着婴儿的小脸高兴地说："好了，好了，小宝贝！现在你哭吧，用劲地哭吧！你哭的声音越大，你林奶奶听着才越高兴呢！"说着她把婴儿轻轻地放平，又继续地为他做了一阵子人工按摩。最后掏出听诊器，为婴儿听了听，又为母亲听了听，母子都很平安。产妇家里的人听到大人孩子都已脱离危险的消息，喜出望外，不到四更天就跑到巧稚的住房来感谢。

洞庭湖的夏天总是淫雨霏霏的，一天到晚下个不停。巧稚和她的学生许大夫每天也不管有雨没雨，总是一吃过早饭就提上药包，艰难地跋涉在泥泞的小路上，走村串寨地为村民们送医送药，并且还决定为育龄的妇女们普遍地做一次体检。农村妇女只要不是病倒在床上起不来，一般的病都不算做是病的；对于没病检查，就更没有这个习惯了。因此巧稚不论走到哪个村里，事先都要费尽唇舌做好宣传解释工作，让人们懂得预防的重要，卫生保健的重要。她像一个慈祥的老妈妈，亲亲热热地和那些姑娘媳妇们谈心，问她们的生活，问她们的劳动，也向她们讲解怎样认识月经、护理妊娠和女人们应当注意的事儿。巧稚给她们检查身体更是仔细认真，有些本人还没有觉察出来的病，在检查中及时地发现了，并做了医治和处理。在短短的三个多月里，巧稚为1300 多人做了检查和治疗。

巧稚走在田间泥泞的小路上，一天的跋涉虽

黎明后，她精湛医术怒放
出鲜艳奇葩

然让她感到疲乏，但是心里边却一直牵念着另外一回事。仅仅在他们下来的几个月里，经她的治疗和体检，就发现不少女人的身上都患有大小不同的病症。现在他们来了，他们可以精心地为她们治疗，可是他们若是走了呢？农家姊妹有了病又去找谁呢？缺医少药，是农村普遍的现象，而这个云水两隔的小岛情况就更为严重。怎么扭转这个局面呢？光靠送医送药不是个根本的办法。根本的出路还是要在他们本乡本土上成长起一批懂医懂药的人来。

因此她一回来，只是简单地洗了洗，随后就端着打来的饭菜走到队长黄家驷的跟前。她一边吃着饭，一边把自己在路上的想法告诉了黄家驷："是不是办一个卫生员和助产员的训练班？"

队长黄家驷兴奋地说："你和我想到一起去了，我正想征求各位教授的意见，办个短训班，为他们培养一批卫生员呢。"

就这样，巧稚一面为开办起来的卫生员和助产士们讲课，一面还要不避风雨地出外去医诊。

一天下午，巧稚和她的学生许大夫去稍远的一个村子里出诊。走的时候还是万里晴空，湖天一色的碧蓝，到了傍晚，突然阴云密布，西北天角上滚滚地传来了雷声。乡亲们都劝他们赶紧收拾收拾回去，天黑有雨就不好赶路了。巧稚望了望天色，心里有些着急，可是眼前还有三四个病人等在那里。能够让她

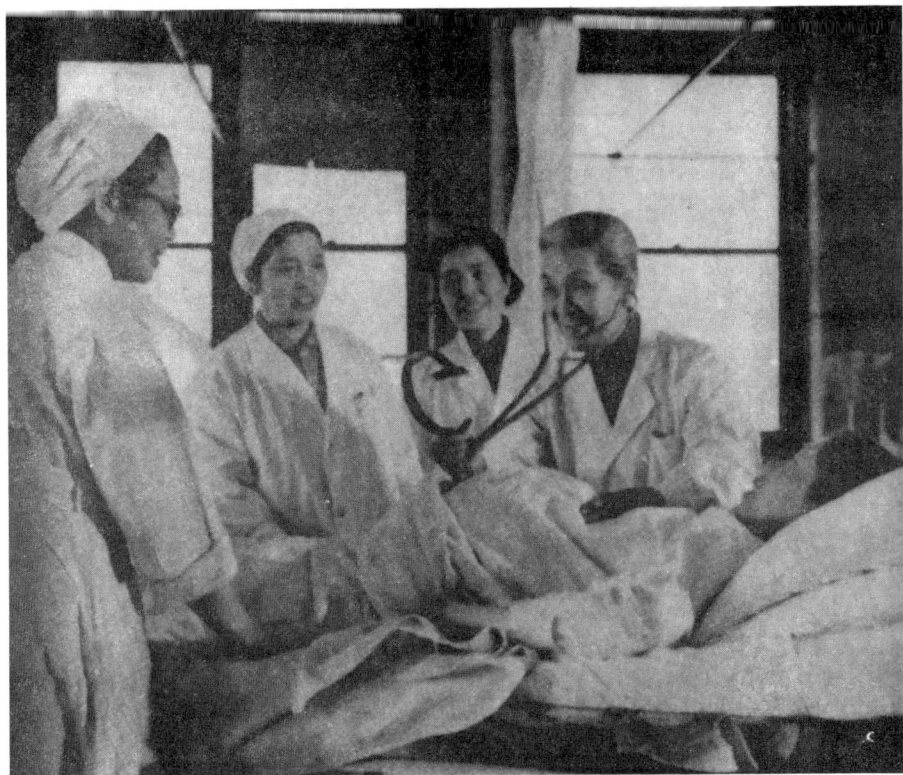

△ 林巧稚大夫在为产妇进行产前检查

们失望地回去吗? 多年来她已经养成了一个习惯,
没有看完病人, 她是不肯丢下病人下班的。大夫
耽误的只是几十分钟的休息时间, 而病人耽误的
却是身上的疾病。谁都生过病, 谁都知道那是一
种什么滋味。于是, 她辞谢了乡亲们的好意, 没

有在夜和雨袭来之前回去，依然一心朴实地坚持在那里为病人们看病。

等到把最后一个病人送走时，天已经大黑了，雨也在暝暗的夜色里不停地下起来，在长满青苔的屋檐下面和纵横交错的田间小径上，到处都淅淅沥沥地响着雨滴声和流水声。乡亲们把她和许大夫送到村头，又找来一根木棍给巧稚当做拐杖，心情不安地望着她俩消失在漆黑的雨帘里。

路是泥泞的，在坑坑洼洼的地方都注满了水。城里住惯了的人，是无法想象在泥水中跋涉的艰苦。脚上沾满了泥巴，每迈一步都要花费很大的力气。许大夫一手搀扶着林巧稚，一手打着手电筒，趔趔趄趄地好不容易才登上了湖边的堤坝。手电筒上沾满了泥浆和雨水，像萤火虫似的一点点光亮变得越来越暗淡了，向前射不出去二尺，只能勉勉强强地照亮脚跟底下的路。

这时公社大院里已经是一片喧喧嚷嚷、人声鼎沸了。医疗队的医生们都早已回来了，唯独不见林主任与许大夫回来。医疗队的黄队长和公社领导同志都非常着急，林主任年纪这么大了，又在这样的夜雨里，怎么能够叫人放心呢？他们已经组织好了人力，准备分头下去寻找。寻找的人刚刚迈出了大门口，就见满身泥水的林巧稚，一手拄着拐杖，一手拎着一双布鞋，颤颤巍巍地从雨帘中走了过来。

黄家驷队长见了又是欢喜，又是嗔怒地说："林大夫，以后可不能这么晚回来了！把大家都急坏了！"

巧稚依然没有一点泄气的样子，爽朗地含笑说："那可保不住！我是去看病，又不是去看戏！看病哪有个准时间？你们大家不用为我担心，我掉不进洞庭湖里去。"

→ 她走在风雪街头上

★★★★★

1966年5月，进入了那个颠倒一切的"史无前例"的年代。浩劫的网是广阔无边的，巧稚自然也命定要罹在罗网之中，在劫者难逃嘛！不过，她比起那些不幸的人，还算是幸运的，没有被挂上黑帮之类的牌子，满街游斗，也就是说，在肉体上还没有遭到令人恐怖的摧残。但是她的心灵上也是伤痕累累的，痛苦难言。她被当做资产阶级反动学术权威，勒令靠边站，撤销了她在院内外的一切职务。昨天还是妇产科主任、著名的专家教授，今天竟变成了实习大夫。

1967年将近年关的一个寒冷日子，林巧稚从协和医院里走出来，外面是一片风和雪的世界。忽然，她在人群中看到一个身影，一个非常熟悉的身影，倏地从她眼前走过。那是一个二十来岁的姑娘，穿着一件深蓝色斜纹布棉猴，手里提着一个装着青菜的网兜。啊，是她，彦彦，就是她在市长家里做客时不断跑过来向她问这问那的彭真市长的女儿彦彦。后来，她们也常见面，可是眼前的她却变得那样瘦弱、憔悴。巧稚心里一动，猛地向前跨上几步，一把拉住了姑娘，紧紧地把她搂在自己的怀里。

彦彦吓得直抖，在那个年月里她像一只无巢可栖的雏燕，无穴可归的小兔，奔走着，躲藏着，安全随时都会被撕得粉碎，危险的魔鬼形影不离地追逐在她的身旁。她吃惊地想把搂着她的人推开，可是抬头一看，却全身瘫软了，一句刚要冲口而出的话又马上咽进肚子里去，只是紧紧地把头偎在巧稚的怀里。她绝不曾想到，在那样严寒之中还会有这突如其来的温暖。人的感情，对她来说是久已陌生的了。伤心的泪水，烫眼地滚落下来。

可是，感情的热流稍一冷静下来，她便赶忙从巧稚的怀里挣脱出来。怎么能在这个时候、这样的地方，随便倾泻感情呢？而抚爱她的人，又是大家谁都能够认得出来的名医。她有一万个胆子，也不敢放任自己的感情，于是连忙推开巧稚说："林主任，快放开我，会连累你的！"可是巧稚好像全然没有想到那些株进的危险，还是紧紧地抱着彦彦，用一口福建话喃喃地说："彦彦，你好吗？爸爸妈妈都好吗？"这是最让她伤心痛苦的话题，彦彦听了，心如刀绞，悲痛的泪水像打开了闸门似的流了出来。

不能再有丝毫的迟延，如果再有这样感情的缱绻、依恋和缠绵，便会招来不测的危险。彦彦从巧稚的怀里挣脱出来，头也不回地走了。这个风雪街头上的路遇，使她几乎凝滞了的感情又激起了层层的波澜。

在林巧稚的床头上安装着一部电话。自从她当了妇产科主任那天起，就有这部电话日夜不息地为她服务，或者说得更准确一点，她凭借着这部电话昼夜不息地为患者服务，为天南海北向她寻医问诊的妇女们服务。有多少次，便是在深沉的子夜里，那部床头电话铃声把她从酣梦中惊起。但她不管睡得怎么熟，外面的天气怎样寒冷，只要铃声一响，便会马上伸手抓起电话，着急地问："噢，你是谁？有什么事吗？""嗯，什么？有个紧急病人？你们怎么早不通知我？老是怕影响我，影响我！难道出了事情就不影响我了？好，我马上就过去。"

现在，是文化大革命期间，她虽然不再当妇

产科主任了，但那部电话却被疏忽掉，仍然保留在她的床头上。

一天傍晚，多少日子没有声音的电话铃声又响起来了，她像在梦中似的，诧异地望着那部电话半天不敢去接，但是犹豫了一阵子，最后还是接了："喂，我是林巧稚，你找谁？"

多么熟悉的声音，多么温柔的语调！彦彦心中的冰雪一下子融化了，泪水止不住往下流淌，她激动地对着话筒说："啊！我是彦彦！你记得吗？我是彦彦！"她又想喊，又不敢喊，想说又不敢说。

"啊，彦彦，我的孩子！你在哪里？"

你在哪里，这是多么让人伤心落泪的一句话呀！她怎能知道，那个过去曾在爸爸妈妈身旁跑来跑去的小姑娘，现在不是在自己的家里，也不是在办公室里，而是像个逃犯似的偷偷地躲在公用电话旁给她打电话。听到了巧稚的这一句问话，彦彦颤抖的手几乎把握不住话筒，颤抖的嘴唇几乎吐不出一句话来。可是她知道必须赶快地说，不能有一刻的拖延，否则，也许转瞬之间，眼前救命的星辰就会倏忽地流逝。"我是来找你看病的，已经有好长时间了，一直流血不止。"

"怎么不早一点来呢？这个病怎么能拖呢！"这是慈母的责备，疼爱的抱怨，立刻如同一股暖流荡遍了彦彦的全身，沁入她的心肺。什么金玉良言，也没有这一声责备更为珍重，更感人心。

"快来！不要去医院，就到我家里来，还是老地方！"

12月28日，经过巧稚和她的学生许大夫的精心策划和安排，彦彦住进了协和医院妇产科病房。她们恪守着秘密，无论对谁也没有泄露出彦彦的身份来。巧稚和许大夫细心地给彦彦做了检查，排除了子宫癌和其他病症，诊断为子宫功能性出血。由于彦彦在外面生活条件太差，身体十分虚弱，出去后又无法调养，因此巧稚与许大夫商量，给她做保守治疗。有的医生怕病人待得太久，影响床位周转，主张立即做子宫切除手术。巧稚耐心地向那些医生们解释说："这个姑娘的病，是由于内分泌紊乱而引起的子宫功能性出血，最妥善的治疗方法是治愈内分泌的失调，切除子宫只会加重病人身体的全面恶化。"

巧稚尽管是"靠边站"的主任，但她在技术上的威望人们还是信服无疑的。彦彦这才躲过了外面不断袭来的强风暴雨，能够静悄悄地躺在妇产科的病房里调养身体，治疗疾病。

可是还是有人从看不见的渠道，拐弯抹角地知道了彦彦的身份。他们出来揭发批判林巧稚，说她阶级立场有问题，竟然为"大黑帮"彭真的女儿治病。巧稚义正辞严地对指责她的人说："我是一个大夫！大夫，有大夫的道德！我看了四十多年的病了，哪个人应当收留住院，哪个人不应当收留住院，只看她的病情，而不看她是谁。救死扶伤，是医生的天职。我怎么能见死不救，能治而不给她治呢？"

→ 寿辰，八根熠熠闪光的红蜡烛

★★★★★

粉碎"四人帮"后，天回地转，万象更新。党中央采取了一系列拨乱反正的措施，使我们的国家和民族又转危为安，转乱为治。

巧稚又兴致勃勃地走向新的生活，每天不知疲倦地行医看病，搞科研，作报告，参加各种各样的社会活动。看她那精神抖擞的样子，人们真猜不出她已是快近八十岁的老人了。1978 年，她出席了第五届全国人民代表大会，当选为人大常委会的常务委员；出席了全国妇联第四届全国代表大会，当选为全国妇联副主席；出席了全国科学大会，继仟中国科学院学部委员（即今之院士）；还被聘担任中国医学科学院第一届学术委员会委员、临床医学委员会委员。

这年冬天，我国组成了一个中国人民友好代表团，赴西欧四国访问。代表团团长是中国人民对外友好协会会长楚图南，林巧稚担任了副团长。

这一年的冬天特别的寒冷，巧稚在出访西欧四国的途中，不幸在伦敦病倒了，人们将她护送到密得里西克斯医院，医生们诊断她患了"缺血性脑血管病"。

英国各家医院都为能有这样一个著名医生到自己医院里来治病而感到荣幸和自豪，愿意为林教授提供一切最好的医疗条件。英国医学界对于林巧稚的名字是不陌生的，他们从报刊杂志上，从世界性的学术会议上，或者是从到过中国的外交官员和出访者的口中，都曾看到和听到过这个名字，知道了许多有关她的近似传奇式的故事。妇女界都把她引为女性的骄傲，在排列那些足以显示着女人的智慧、学识和勇气的光耀煊赫的名字时，人们是不会把她的名字遗漏下来的！因此她出访到哪个国家里，等候她去帮助诊断某些疑难病症的事，比比皆是。如今，这位名医自己病倒了，消息传出后震动了各个方面，不仅是英国，就连法国、荷兰的各家医院也都纷纷提出邀请，欢迎林巧稚大夫到他们的医院里去治疗。他们虽然知道，缺血性脑血管病很有可能会因某种人类无法料定的原因，而突然出现不测，到他们的医院里去治疗，很有可能要承担起无法解释的责任，但尽管如此，他们仍然希望这位名人能到他们的医院来就医。

当人们把国外各家医院这种友善的邀请转告给林巧稚时，她断然地摇了摇头，对代表团的同志们说："请你们转告使馆的领导，我不留在国外，虽然我知道这里的医疗条件比国内要好一些，但是无论如何，我也要赶回我们的国家里，不单是为了治病，我还有许多事情要做，还有些要紧的事情需要交代！"

老人的心情是容易理解的，也是无法违背的。她归心似箭，片刻也不愿在国外停留。于是，代表团决定火速将她送回国内。

她躺在自己多年辛勤工作过的医院里，心情感到平静、安宁、踏实；她愿意依靠自己早已习惯了的祖国的阳光、空气和水，来治疗她身上的疾病；愿意用她听惯了的故国的乡音，来慰藉自己的心灵。

经过半年左右时间的治疗，没有痊愈她就急着出院投身到紧张火热的工作中去。她编书、看稿子，会诊疑难病症，接见来访客人，出席各种会议。一个年富力强的健康人都难以胜任的繁重工作，她都承担下来了。她一直相信自己的生命力是不会衰竭的，她的身体素质和坚强的信念给她以强大的精神支柱，她有足够的力气去跨越生理的界限和病残的栅栏。

有人劝阻她："林主任，您年纪大了，身体还没恢复，不能太劳累了！"对于这些好意她只是报以一笑。

她常对她的侄儿侄女们说："你们是知道我的，我是一刻钟也闲不住的。闲下来，我便会感到孤独、寂寞。上帝如让我的生命还存在这个世界上，那么，我存在的场所便是病房，我存在的价值便是医治病人，我的伴侣便是床头那部电话，通过电话对外交换信息，了解病人病情和提出治疗方案。"

然而，1980年3月1日，她刚开过全国妇联会议，便突然感到下肢无力，上下楼梯异常地吃力。第二天又感到两侧耳鸣，头部发麻发胀，到了3月3日晚上7点，便不得不再次住进了协和医院。这个一生都为人治病的老人，如今自己躺倒在病床上，让人为自己来治病了。她生命存在的场所虽然依然是病房，但她自感生命存在的价值却完全不一样了。更何况她离开了自己终生的伴侣——那部与她朝夕共守、耳鬓厮磨的电话，断绝了她与外部交换信息的机会，她感到十分的孤独。真是度日如年呀！因此一天下午，副院长带着专家、教授来为她会诊的时候，还未等人们开口，她便再也按捺不住自己的感情，像发怒的狮子似的向那些为她会诊的人们说道："你们不知道吗，让我一个人困在病房里，我再也忍受不住了！我是离不开我的岗位的，没有工作我一刻也活不下去，我感到寂寞、孤独得可怕。如果一定要我休息，不如让我回家去吧！在家里我也一

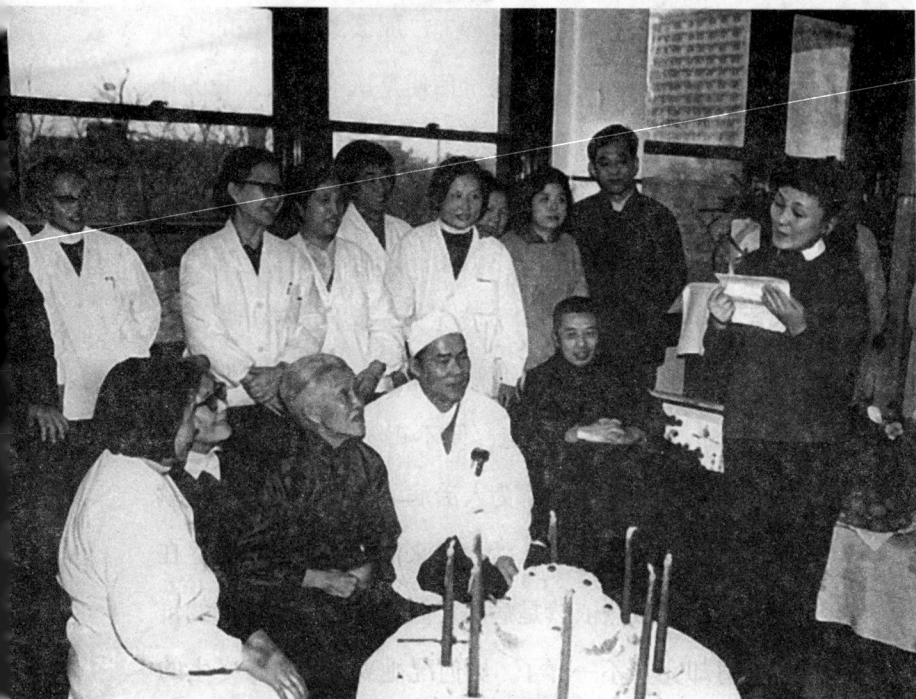

样可以养病。再在医院里住下去，我会发疯的！"
由于激动，她的嘴唇在颤抖，一只痉挛的手紧紧
地抓住了床单，脸颊上挂着两颗晶莹的泪珠。

　　前来会诊的专家教授们被这突如其来的愤
怒震惊了，他们不知所措地互相观望了好久，经
过反复的磋商，最后不得不勉强地在诊疗单上
签上了让她出院回家休养的意见。这样，她在医
院里仅仅住了一个月，便又像获得释放了似的那

样满心高兴地回到了自己的家，又抚摩到了与自己朝夕廿守的那部电话。有了它，便有了工作的机会，有了发出信息与取得反馈的渠道，生命便有了欢乐、兴味和别人无法估量只有她自己才感觉到的生命价值。

12月23日那一天，她的学生把她从病床上扶坐到靠背沙发上，协和医院妇产科的人们聚集一堂，为这位像慈祥的老祖母似的老主任做八十岁寿庆。

八根朱红的蜡烛一根接一根地点燃了，吐放着热情欢快的火花，那温柔的带着神奇幻想的光亮，映照着端放在八根蜡烛中间的三层奶油蛋糕，几缕朦胧的烟雾弥漫在那圣洁如玉的小圆桌前。妇产科里的医生护士，男的女的，年轻的年长的，犹如一个几世同堂的大家庭，紧紧地围在这位慈祥的老祖母身旁，用他们的崇敬、爱戴、感激和人类心灵中所酿造出的最美好的感情，来为她祝寿。

一枝蜡烛是可以燃尽的，但蜡烛的生命是永存的，因为它所燃烧出的光芒已经射进人们的心窝里，老主任就像一枝蜡烛，她已点燃了妇产科学界的"火把"，她用心血孕育了这支宏大的队伍，她的光芒已化成了学生们体内循环不已的血液。

巧稚幸福地坐在学生中，用发颤得已经不大听使唤的手把那蛋糕切开，分割成许许多多的小块，让全科的人们都能分享到她的赠予，分享到她用80年的岁月所贮积的一切美好愿望。

那吐放着绚丽光焰的八根红烛，也使巧稚自己感到心情愉

黎明后，她精湛医术怒放出鲜艳奇葩

快，她望着眼前拥拥簇簇的人们感到安慰，感到生命的热流在奔腾不息地流淌着。她的脸上出现了春天的笑靥，就像她在东南海岛上少女时代里欢笑时那样的鲜艳、醉人，那样的开朗与柔和。晚秋的颜色并不是凄怆的，而是丰满的；残烛和夕阳的光辉依然是那样艳丽的、感人的。

那一天，国内享有盛名的科普作家高士其老人坐着他那特制的车子来看望她。这是一对都具有各自鲜明性格的人物。他们的生活本身，就是一篇迷人的童话。不要任何的修饰和渲染，就充满着许许多多曲折动人、发人深省的情节。他们是福建同乡，都担任着中华医学会科普工作委员会顾问的职务，都热心于我国科普园地的开拓和浇灌，因此也是一对长期互携互助的志同道合者。高士其老人著有无数篇脍炙人口的科普作品，有不少迷人的地方简直不亚于法国的儒勒·凡尔纳。

林巧稚听说这位比自己瘫痪还要厉害得多的高士其老人要来探访，很感动。她赶忙从病榻上挣扎着爬起来，将身子挪动到大衣柜前，她像迎接贵宾或赴盛宴那样，兴冲冲乐滋滋地打开了衣柜，从里面精心地选出一件福建产的墨绿色纯毛哔叽短袄和一条米黄色长腿裤子，对着镜子细心地穿戴起来。她把那满头银亮的头发梳得整整齐齐，额前和耳鬓都拢得富有曲线感，随后又把衣襟拉得平平整整，一排扣绊让它排列得整整齐齐。看到那装束和容光，谁也不会想到这是一位久困病床的老人。

晚上8点多钟，两位老人在明如白昼的灯光下会面了。他们虽然没有更多的寒暄语言，但是气氛却是很热烈的，感情是十分真挚的。他们都有一颗极为富有的心灵。高士其老人展开了他随身带来的一个纸卷，用双手递给了巧稚。随行的人在旁解释说：'这是高老搜集的有关在 21 世纪应当消除的危害

△ 林巧稚大夫在病中阅改书稿

人类的各种疾病的资料，高老很希望我国医务界的同志们朝着这个方向做出更多的努力！"巧稚用她那不大灵活的手接过了这个纸卷，这时，她手臂的颤动远远不如她内心的颤动。她多么敬佩这位一生与疾病作斗争的老人，如今到了这等暮年，还费尽心血为他人搜集资料，为下一个世纪里生活的人们去思虑筹谋。

巧稚激动地对高士其老人说："太感谢你了！这本来应当是我们医生分内的事，你却赶在我们前面做了！我不能用一般的语言表示感谢了。最好的谢意，应当是勤勤恳恳、坚韧不拔地攻坚，把在 21 世纪里危害人类生命的疾病，努力争取在本世纪里把它消除掉！争取在我们今天还活着的人们手里，把它消除掉！"

说话的时候，两位一直在科学的征途上做艰苦攀登的老人，都回忆起周总理对他们说过的话："我们都要像一只春蚕，有呼吸，便吐丝；有生命，便勤劳，直到吐尽最后的一根丝为止！"

后　记

蚕，吐不尽丝的春蚕

　　林巧稚不仅接生了几万个新的生命，治愈了众多危难的病人，同样，也以自己渊博的学识和高尚的医德，言传身教，培育出一大批妇产科的医学人才，其中许多人现已成为国内外知名的医生，成为各医疗单位的领导与骨干力量。

　　她一向就很重视培养妇产科医护人员，她对她的学生和身边工作的医护人员一向都是严格要求，用自己的行动为他们做出榜样；同时，又像老妈妈似的关心他们的成长，根据每个人的特长来安排他们的工作，充分发挥每个人身上所蓄积的热量。直到她卧病之后，仍然在脑子里思考着这些事情。她是我国妇产科学的一颗母珠，吸引着千百颗子珠围着她旋绕转动；她是妇产科学的伯乐，发现和培育了无数的千里马。

　　她的心里一直想着孩子，想着像鲜花一般的孩子们。可是，她已经病得很重很重了，不能行动，经常昏迷，像一根行将燃尽的红蜡烛，不能再给孩子们做什么事情了，只有将她多年积蓄下来的几万元存款，按照她早已事先拟好的遗嘱，全部赠送给首都医院的幼儿园和托儿所。

她把她的一切都交出去了，都无私地奉献出去了！

在她重病复发之后，邓颖超大姐闻讯后，亲自到医院来看望她，在她的花瓶里插上一束鲜艳的红玫瑰。彭真同志偕同夫人张洁清同志也来探望，还专门送来一盆她最喜爱的红心黄边秋海棠。

康克清大姐走到她的病床前面，亲切地拉住了她的手。她从昏迷中醒过来，嘴角费力地翕动了一下，十分困难地说出了一个"康"字，便再也说不下去了。但当她转头望见床头桌子上摆着一盆吐露芬芳的米兰时，脸上却又露出一丝笑容。

不久，主管卫生工作的副总理陈慕华同志到病房里来看她，劝慰她要好好养病，病好之后国家还准备委托她去筹备和主持好几个重要会议呢！林巧稚当然会理解这里边的深厚含义，她那混浊迟钝的目光又变得明亮起来，闪现着兴奋的光彩，好像她即刻就可以从床上爬起来，又精神抖擞地走到会议的讲坛上似的。当陈慕华副总理要走的时候，她竟然爬起来要下地去送，但沉重的身躯与她那兴奋不已的意志，已经相距十万八千里了。陈慕华副总理再一次走上前来按住了她，说了许多劝慰她好好休养的话。

不久，邓颖超大姐再次派她的秘书赵炜过来看她，给她带来大姐亲笔为她写的一封信。赵秘书把信接过来要为她读，她摇了摇头，赵秘书知道她的意思，只好把信平展展地送到她的眼前，她用迟钝的目光吃力地认读起来，只见那信上写道：

亲爱的林巧稚大夫：

六一国际儿童节即将到来之际，不禁要想到你这为妇女儿童服务几十年的好大夫。特送上鲜花一束，对你聊表感谢和慰劳。祝愿你的病体能有所好转，并向你表示敬意。

邓颖超

一九八二年五月二十八日

林巧稚重病住院的消息传到社会上去后，立刻牵动了千万个人的心，从天南海北、四面八方纷纷寄来了慰问信，犹如雪片一般。人们是永远不会忘记她的，有多少人和这位一代名医有着生生死死的关联呀！除了那几万个被她接生下来的婴儿之外，还有几千个被她治愈好的病妇，几百个受她教诲而成长起来的医生护士，还有这些人的亲人家属、亲朋好友，他们都永生永世不会忘记她，这位一代名医林巧稚。1983年4月22日清晨，她在昏睡中又发出了呓语，说得那样清楚动人，完全像真的一样："快，拿产钳来！

产钳！"接着又惋惜地说："你的病只能动手术了，这不能怪我，你来得太晚了！"过一会儿又含笑地说："好极了，又是一个胖娃娃……"

而令人痛心的是，就在中午 12 点 15 分，她竟然停止了呼吸。

她是春蚕，不断地吐丝、吐丝，一刻不停，直到呼吸最后一口气为止。她把生命中一切有益于人们的成分，全部倾吐出来了，全都无私地奉献出来了。

人们常说：春蚕到死丝方尽，蜡炬成灰泪始干。

我说："林巧稚是春蚕至死丝不尽，蜡炬成灰光未然。"

为什么这么说呢？你们看，春蚕虽死，但它的丝不是还披挂在人们的身上，温暖着人们的身子吗？一枝蜡烛是可以燃尽的，但是蜡烛的生命却是永存的，因为它们燃烧出来的光芒已经射进人们的心窝里。林巧稚这支红蜡烛，已经点燃了我国妇产科医学的火把，她的生命之光已经化成了她的学生们体内循环不已的血液，转化成用之不竭的物质力量。

火，怎么会燃烧得尽呢！

100位

新中国成立以来感动中国人物

丁晓兵　马万水　马永顺　马恒昌　马海德　中国女排五连冠群体

孔祥瑞　孔繁森　文花枝　方永刚　方红霄　毛岸英

王　杰　王　选　王　瑛　王乐义　王有德　王启民

王进喜　王顺友　邓平寿　邓建军　邓稼先　丛　飞

包起帆　史光柱　史来贺　叶　欣　甘远志　申纪兰

白芳礼　任长霞　刘文学　刘英俊　华罗庚　向秀丽

廷·巴特尔　许振超　达吾提·阿西木　邢燕子　吴大观

吴仁宝　吴天祥　吴金印　吴登云　宋鱼水　张　华

张云泉　张秉贵　张海迪　时传祥　李四光　李春燕

李桂林和陆建芬夫妇　李素芝　李梦桃　李登海　杨利伟

杨怀远　杨根思　苏　宁　谷文昌　邰丽华　邱少云

邱光华　邱娥国　陈景润　麦贤得　孟　泰　孟二冬

林　浩　林巧稚　林秀贞　欧阳海　罗映珍　罗健夫

罗盛教　草原英雄小姐妹　赵梦桃　钟南山　唐山十三农民

容国团　徐　虎　秦文贵　袁隆平　钱学森　常香玉

黄继光　彭加木　焦裕禄　蒋筑英　谢延信　韩素云

窦铁成　赖　宁　雷　锋　谭　彦　谭千秋　谭竹青

樊锦诗

图书在版编目（CIP）数据

林巧稚 / 邓加荣著. -- 长春：吉林文史出版社，
2012.6（2024.5重印）
（100位新中国成立以来感动中国人物）
ISBN 978-7-5472-1089-5

Ⅰ. ①林… Ⅱ. ①邓… Ⅲ. ①林巧稚（1901～1983）
—生平事迹—青年读物②林巧稚（1901～1983）—生平事
迹—少年读物 Ⅳ. ①K826.2-49

中国版本图书馆CIP数据核字（2012）第135809号

林巧稚

LINQIAOZHI

著/ 邓加荣

选题策划/ 王尔立　责任编辑/ 王尔立 李洁华 马华 任玉茗

装帧设计/ 韩璘

出版发行/ 吉林文史出版社

地址/ 长春市福祉大路5788号　邮编/ 130118

电话/ 0431-81629363　传真/ 0431-86037589

印刷/ 天津海德伟业印务有限公司

版次/ 2012年8月第1版 2024年5月第5次印刷

开本/ 640mm×920mm　1/16

印张/ 9　字数/ 100千

书号/ ISBN 978-7-5472-1089-5

定价/ 29.80元